海运供应链

发展全景与演变特征探析

HAIYUN GONGYINGLIAN

FAZHAN QUANJING YU YANBIAN TEZHENG TANXI

朱乐群　周　然　李晓君◎主编

四川科学技术出版社

图书在版编目（CIP）数据

海运供应链发展全景与演变特征探析 / 朱乐群, 周
然, 李晓君主编. -- 成都 : 四川科学技术出版社,
2024.12. -- ISBN 978-7-5727-1684-3

Ⅰ. F252.1

中国国家版本馆CIP数据核字第2025AT8792号

海运供应链发展全景与演变特征探析

| 主　　编 | 朱乐群　周　然　李晓君 |

| 出 品 人 | 程佳月 |

| 营销编辑 | 刘　成 |

| 责任编辑 | 胡小华 |

| 责任出版 | 欧晓春 |

| 出版发行 | 四川科学技术出版社 |

成都市锦江区三色路238号　邮政编码　610023

官方微博：http://weibo.com/sckjcbs

官方微信公众号：sckjcbs

传真：028-86361756

| 成品尺寸 | 170 mm × 240 mm |

| 印　　张 | 9.75　字数　195　千 |

| 印　　刷 | 成都一千印务有限公司 |

| 版　　次 | 2024年12月第一版 |

| 印　　次 | 2024年12月第一次印刷 |

| 定　　价 | 56.00元 |

ISBN 978-7-5727-1684-3

邮购：成都市锦江区三色路238号新华之星A座25层　邮政编码：610023

电话：028-86 361770

本书编委会

主　编：朱乐群　周　然　李晓君

编　委：戴明新　彭士涛　吕英鹰　秦　川　王　勇

　　　　刘俊涛　孟阳光　郑　霖　王壹省　张　意

　　　　佟　惠　路少朋　杨子涵　赵发源　俞诗京

　　　　潘舜龙　李思聪　黄伟山　姜云鹏　魏燕杰

　　　　张　影　孙　磊　顾　明　张文嘉　梁宝翠

　　　　高欢庆　郭芷夷　车宇航

序　言

　　自古以来，海洋便是人类文明的摇篮，也是世界贸易的重要通道。在全球化日益深化的今天，海运作为连接各大洲的桥梁，承载着全球贸易的绝大部分物流需求，其供应链的稳健与发展对于世界经济的繁荣至关重要。本书深入剖析了这一复杂而又关键的领域近十年来的显著变化，以期为相关决策者、研究者及从业者提供有益的参考。

　　海运供应链，这个看似简单的概念，实则包含了港口、船舶、物流、信息等多个环节，是为了满足贸易需求，原材料、产品经海上运输由始发港前往目的港的相关方所形成的一个网链结构，这个网络中每一个环节都紧密相连，共同构成了庞大的复杂系统。而在这个复杂系统中，任何一个环节的波动都可能对整个供应链的稳定和效率产生深远的影响。因此，对于海运供应链的研究，需要具备全局性的视野和前瞻性的思维。

　　本书对海运供应链的基本概念进行了梳理，并从多个维度对海运供应链的发展进行了全面而深入的剖析，试图描绘海运供应链当下发展要素的总体情况。首先，本书梳理了海运供应链的组成要素及相互关系。接着，从需求端、供给端、监管与保障端分析了当前海运供应链的参与主体、市场情况等一系列发展现状，这些现状既是当下发展的基本情况，也是未来发展的重要基础。

　　在深入分析了海运供应链的内在结构逻辑、要素和发展现状的情况下，本书进一步探讨了十年间（以2013年"一带一路"倡议提出为起始节点）的发展趋势和演变特征。十年间随着国际贸易发生的显著变化，以及俄乌冲突等重大突发事件对国际供应链体系带来的巨大冲击，海运供应链网络在不同的货种细分领域发生了一系列演变。随着信息技术的不断发展，智能化、数字化成为海运供应链的重要特征，绿色和可持续发展也成为海运供应链的重要议题。这些趋势和特征将对海运供应链的各个环节产生深远的影响，也将为我们提供新的发展机遇。在这个复杂系统中的各个参与方需协同发力，才能实现海运供应链的平稳健康发展。

最后，需要强调的是，海运供应链的发展不仅是经济问题，更是社会问题。它关系到全球贸易的畅通、经济的繁荣、环境的保护等多个方面。因此，我们需要以更加开放、包容、合作的态度来面对海运供应链的发展问题，共同推动其向着更加安全韧性、高效稳定、智慧绿色的方向发展。

笔者在本书的写作过程中，参考了大量的文献资料，汲取了众多已有研究成果的智慧，力求为读者呈现一个全面、客观、深入的海运供应链发展图景。然而，由于海运供应链的复杂性和多变性，本书所探讨的问题仍有许多值得进一步深入研究的地方。我们期待更多的学者和从业者能够加入这个领域的研究中来，共同推动海运供应链的发展与进步。

目　录

第一章　海运供应链的概念与内涵

第一节　海运供应链的概念

一、供应链的概念

（一）微观供应链——企业供应链

20世纪90年代以来，世界经济经历了两大发展趋势：经济全球化和新经济浪潮。经济全球化是生产要素在全球范围内自由和大范围地流动，新经济加剧了经济的激烈竞争，推动着经济快速增长，供应链的概念应运而生。虽然全球供应链现象出现时间不长，但其发展速度之快、延伸范围之广，远远超出人们的想象。对于供应链的概念，不同专家从不同角度出发给出了许多不同的定义，主要集中在微观企业供应链。

早期观点认为，供应链是制造企业中的一个内部过程，指把从企业外部采购的原材料和零部件，通过生产转换和销售等活动，再传递给零售商和用户的过程。此时的供应链概念局限于企业的内部操作层次上，注重企业自身的资源利用，实质是企业内部的供应链。逐渐也有些人把供应链的概念与采购、供应管理相关联，用来表示企业与供应商之间的关系，但这种关系只局限于企业与上游供应商之间，而且供应链中的各企业独立运作，忽略了与外部供应链节点企业之间的联系。后来，供应链的概念加入了与其他企业的联系和供应链的外部环境。例如，美国的史蒂文斯认为："通过增值过程和分销渠道控制从供应商到用户的流就是供应链，它始于供应的源点，结束于消费的终点。"马士华等也给供应链下了一个定义，他们认为，供应链是围绕核心企业，通过对信息流、物流、资金流的控制，从采购原材料开始，制成中间产品以及最终产品，最后由销售网络把产品送到消费者手中的将供应商、制造商、分销商、零售商、直到最终用户连成的一个整体的功能网链结构模式。供应链是一个范围更广的企业结构模式，它包含所有加盟的节点企业，从原材料的供应开始，经过链条中不同的企业制造加工、组装、分销等过程直到最终用户。这个定义对供应链概括得更加全面一些，涉及供应链的管理，也注重围绕核心企业的网链关系，强调核心企业的作用。

可以看出，无论哪种供应链，都是通过计划、获得、存储、分销、服务等活动而在顾客和供应商之间形成衔接，从而使企业能满足内外部顾客的需求。综上所述，企业供应链是指生产及流通过程中，涉及将产品或服务提供给最终用户活动的上游与下游企业所形成的网链结构，即将产品从商家送到消费者手中的整个链条。

（二）宏观供应链——国家供应链

随着国际贸易在全球价值链中变得更加分散，供应链跨越了国家和地区，比以往任何时候都更加重要，供应链的微小中断可能会迅速蔓延到其他国家和地区。关于宏观供应链，即国家供应链的权威表述不多，笔者主要从宏观视角对供应链的战略意义、重要价值进行论述。世界银行推出了一个全球物流与供应链绩效指数（LPI），用于考察一国物流与供应链的硬实力，也兼顾软实力。该指数由六个要素组成，分别为海关与边境管理清关的效率、贸易与运输基础设施的质量、安排具有竞争性价格货运的便利性、物流服务的竞争力与质量、追踪与追溯货物运输的能力、货物运输在既定或预期交付时间内的到货率。LPI不仅需要公路、铁路和海运的连通性，还需要电信、金融市场和信息处理的连通性，运输、物流和贸易相关基础设施系统效率低下或不充分会严重阻碍一个国家在全球范围内的竞争能力。

借鉴世界银行的相关研究，国家供应链是指国家在国际、区域、产业、企业等层面供应链的统一体，是国家原材料、商品或服务的生产及流通活动的网络结构，是国内国际两种资源、两种市场互通的完整链条，是国家融入全球体系，开展全球贸易，保障资源能源和产业安全的重要载体。

二、海上运输与供应链的关系

海上运输是将货物从始发地送到目的地的一种运输方式（船舶运输），海上运输与供应链之间呈现相辅相成的关系。从我国历史来看，海上运输历来是各朝各代经济发展不可或缺的运输方式，相较于陆上运输和空中运输，海上运输虽然存在运速低、风险较大的不足，但是由于它运量大、成本低廉、作用距离广等特点，使其成为交通运输和国际贸易的主要运输方式。据统计，目前国际贸易总运量的三分之二以上依靠海上运输来完成，而我国这一比重更是高达90%。当前，我国正着力构建以国内大循环为主体、国内国际双循环相互促进的新发展格局，加快构建现代物流体系、着力保障供应链安全就显得更为迫切。

海上运输是供应链中的重要环节。海上运输可以通过船舶运送大量的货物，覆盖范围广、成本较低，这给供应链实现跨国家跨地区物流服务提供了可能，尤其是对于跨越国界的全球供应链而言，海上运输的作用更加显著。我国作为世界第二经济体、第一贸易体，也是世界海运需求总量、集装箱运量大国。近年来，我国的铁矿石、原油进口居世界前两位，锰、铜、铬等矿的进出口量居世界首位，2022年我国港口完成货物吞吐量156.85亿吨，完成集装箱吞吐量2.96亿标准箱（TEU）。海运供应链的发展水平和便利程度，不仅成为影响"中国制造"在国际竞争中是否有成本优势的重要因素，更有助于我国在经济双循环建设中碳中和、碳达峰的目标实现。

海上运输可通过与其他运输方式进行多式联运衔接，形成完整的供应链体系。海上运输与铁路运输、公路运输等方式结合的多式联运是世界公认最高效的运输服务方式，是现代物流的主要载体，有利于提高物流效率、降低物流成本，实现货物从生产地到目的地的全程配送，更好地为供应链的正常运转服务。其中海铁联运充分发挥铁路和水路运输的优势和组合效应，有利于转变交通运输的发展方式，优化运输通道布局和运输结构，完善综合运输体系，加强水陆口岸功能衔接，实现货物运输无缝衔接，提高能源、原材料等大宗货物和集装箱运输效率，降低供应链成本。

海上运输的固有风险给供应链带来许多不稳定因素。在供应链中，海上运输是一个由多方共同参与的过程，它具有很强的不确定性，存在着极端天气、海盗袭击、港口拥堵等风险和挑战。海上运输中出现的问题不仅影响海运活动自身的正常运行，还会降低供应链的整体效能，甚至可能使供应链停止运作。因此，在建立供应链时，需要高度重视海上运输的特点和风险，并制定相应的风险管理措施，以确保供应链的顺畅运作。

三、海运供应链定义的探讨

结合上述对供应链概念及海上运输与供应链关系的探讨，本书所探讨的海运供应链是指供应链环节中借由海上运输方式开展的系列供应链活动，是国家宏观供应链的一个组成部分。具体来看，海运供应链是为了满足贸易需求，原材料、产品经海上运输由始发港前往目的港的相关方所形成的一个网链结构。微观海运供应链是企业将产品或服务通过海上运输提供给最终用户活动的上游与下游企业所形成的网链结构，宏观海运供应链是一国通过海上运输进行全球供应的综合能力。

第二节　海运供应链的组成要素

根据对海运供应链概念的梳理及海运供应链在更为广阔的宏观维度的整体表现，笔者认为海运供应链的组成要素既包括贸易与原材料运输的需求方，即货主或贸易商，又包括贸易与原材料实际运输的承担方，即航运、港口企业，还包括支撑海运供应链运行的相关航运服务业机构，如货运代理、船舶管理公司、船舶经纪公司等；此外，从更广泛的宏观视角考虑，海运供应链还包括促进海运供应链平稳健康发展的行业监管方，即相关政府主管部门。

一、需求端——货主企业与贸易企业

海运货主与贸易方在整个货物运输过程中扮演着重要角色，他们需要与供应商、货运代理、海运公司、海关等多个利益相关者进行沟通协调，以确保货物能够按时、安全地到达目的地，包括生产加工企业及专门从事海运贸易业务的贸易商。典型代表包括石油化工企业、钢铁企业等，分别是石油及成品油、铁矿石、煤炭等大宗商品货物海运供应链的重要组成。

石油化工企业。石油化工行业是国民经济支柱产业，经济总量大、产业链条长、产品种类多、关联覆盖广，关乎供应链安全稳定、绿色低碳发展、民生福祉改善。石油化工企业运营环节主要是对原油、天然气进行加工、销售，如加工成柴油、煤油、汽油、沥青、石蜡、硫黄（天然气的副产品）、塑料、橡胶、纤维、化学品等。依托海上运输这一便捷和高效的运输方式，石油化工行业实现了原材料和产品在全球范围的高效配置。

钢铁企业。钢铁工业是国民经济的重要基础产业，是建设现代化强国的重要支撑，是实现绿色低碳发展的重要领域。钢铁企业的基本运营过程，是首先获得铁矿石和焦煤等原料，然后把它们在炼铁高炉内炼制成生铁；下一步再以生铁为原料，用不同的炼钢炉冶炼成钢；钢要铸成钢锭或连铸坯形状，再送到轧钢机进行轧制加工，或者经过锻造，最终成为可用的各种形状的钢材，再进行运输、销售。截至2021年末，我国营业收入大于1 000亿元的大型钢铁企业有宝钢股份、马钢股份、太钢不锈、河钢股份、鞍钢股份、首钢股份、山东钢铁、华菱钢铁和新钢股份，这些企业营收规模庞大，铁、钢及相关钢铁产品生产能力强，相关产业链条完善，原材料与成品运输与海运供应链密切相关。

二、供给端——港航企业

（一）航运企业

航运企业是从事客、货水路运输业务的独立经营、自负盈亏的生产单位。

航运企业组织人力，利用船舶和其他水上浮载工具，通过江、河、人工水道、湖泊、水库、海、洋，把旅客和货物从起运地送达到目的地。按航行区域可分为海洋运输和内河运输。海洋运输中专门从事国际海运航线、船舶在两个或多个国家（地区）的港口之间，经过一个或数个大洋的海上，进行旅客和货物运输的企业称远洋运输企业。

（二）港口企业

港口企业是指在内河和沿海港口，为水运航线的旅客上、下船舶，为货物的收、发、装、卸、储存保管提供有偿劳务的独立经营、自负盈亏的生产单位。港口企业可分为河港企业和海港企业：河港企业在内河航线的起迄点和中途停靠点，为水路的旅客、货物集散服务；海港企业在沿海港口，为国际航线、沿海航线和内河航线的起运、到达，或中途停靠船舶、上下旅客和货物集散服务。港口企业一般配备有客运站、候船室、码头、仓库、堆场、装卸机械、道路及其他辅助设施。河港企业主要为某一内河运输企业各航线的客货运输服务，一般可采取航、港合一，即该内河运输企业和沿线各河港企业合并组成一个联合企业。海港企业则不仅要为沿海运输船舶服务，还要为远洋运输船舶、内河运输船舶服务；不仅要为国轮服务，还须为外轮服务，海港企业一般独立经营，不和航运企业合并。

三、供给端——相关航运服务业

（一）物流服务及代理企业

货运代理。货运代理简称货代，是指应托运人或收货人的委托，在委托人授权的范围内，代理人以委托人的名义从事货物运输的行为。货运代理与货主的关系是委托和被委托关系，在办理代理业务中，是以货主代理人身份对货主负责，并按代理业务项目所提供的劳务向货主收取代理费。货运代理的业务范围主要有：出口货物的托运（订舱）、保险、包装、零星加工、理货、制作单证、储存、集装箱装箱等；进口货物的报关、分理、集装箱拆箱、签发提单、代收运费、货运事故处理、转运及多式联运等。货运代理是货物中间人性质的运输业者，在收货人、发货人和承运人之间行事，对促进经济发展起着重要作用。

船舶代理。船舶代理简称船代，是指受船公司委托为船舶办理在港各项运输业务的活动。航行在国外的船舶需要在外国港口办理多项业务，而船东对国外港口的情况比较生疏，如果都由自己办理，势必花费不少时间，影响船舶周转，增加船舶在港费用，因此这些业务工作都委托当地代理机构来办理。代理承担的主要业务有：办理船舶进出口手续；联系安排船舶引航、泊位及装卸货物的有关工作；办理申请货物监装、检验、衡量和验舱、熏舱、洗舱、扫舱；订舱、揽载、签发提单；办理国际海上联运货物中转手续；代售客票和办理旅客上下船手续；洽办船舶修理和检验；洽办货物理赔；代算代收运费，办理船舶速遣费和滞期费的结算；代办海损事故的处理，联系海上救助工作；代办租船及船舶买卖的交接工作；代办船舶起租接船、退租还船，临时起租、临时退租工作；洽购船用燃料、淡水；洽购船用物料、垫料；洽购船员伙食；办理船员登岸或出入境手续；办理船员调换、遣返手续；安排船员医疗、住院；联系安排船员参观；办理船舶备件转运。

（二）第三方船舶管理企业

第三方船舶管理是指独立于船东、租船人之外的专业公司对船舶的管理。第三方船舶管理公司是国际航运市场激烈竞争和发展成熟的必然产物。海运业的发展对船舶建造、航运安全及管理水平提出了更严的要求，这在很大程度上促进了市场对第三方船舶管理的需求。其主体通过向船东提供一项或多项专业船舶管理服务，以满足船东委托管理船舶的需要、达到船舶管理目的而收取一定管理费用和其他约定费用。服务范围包括船舶全面技术管理、船员配备与管理、船舶维修管理、船舶供应、船舶保险、船舶租赁、船舶买卖、新船监造等专业活动。

（三）船舶经纪人

船舶经纪人又称航运经纪人或海运经纪人，船舶经纪人的业务包括传送信息，协助或代理签订造船合同、买船合同及各种形式的租船合同。船舶经纪人分为船舶买卖经纪人和船舶租赁经纪人。船舶买卖经纪人主要是指在船舶买卖活动中，为促成他人交易而专门从事经纪业务并收取相应佣金的船舶经纪人，船舶买卖主要包括新船买卖和二手船买卖，前者是在船东和造船企业之间进行，后者则是在两个不同的船东之间进行。在当今世界范围内，船舶买卖有85%以上是通过船舶买卖经纪人的介入和参与来完成的。船舶租赁经纪人主要是指专门从事航运船舶租赁、货物承运代理等业务并收取相应佣金的船舶经纪人。

四、监管与保障端——相关政府部门

海运供应链，作为一个庞大且复杂的系统，不仅涵盖了贸易、运输等多个关键环节，还涉及国内与国际的众多参与主体。这一供应链的每一个环节都紧密相连，任何一环的断裂或故障都可能对整个系统产生深远的影响。因此，确保海运供应链的平稳运行与健康发展显得尤为重要。为了实现这一目标，政府相关部门需要通过制定一系列法律法规来明确各方的权利与义务，规范市场行为，防止不正当竞争和违法行为的发生。同时，还需要出台相应的政策规章，为海运供应链的发展提供有力的政策支持，鼓励企业创新，推动产业升级，并有效应对各类突发事件的发生，确保供应链稳定。从海运供应链需求端、供给端涉及主体的角度，梳理国内相关主体包括交通运输部、商务部、海关总署、国务院国有资产监督管理委员会（简称国资委）、外交部、国家发展和改革委员会（简称国家发展改革委）等（表1-1）。

表1-1 监管与保障端相关主体

机构		主要职能
外交部		国际合作保障
国资委		协调国有航运企业
海关总署		进出口贸易监管
商务部		进出口贸易监管
国家发展改革委		供应链相关产业发展战略、规划制定
交通运输部	海上搜救中心	海上突发事件应急处置与防抗海盗
	海事局	水上安全监督、防止船舶污染、航海保障管理
	救助打捞局	人命救助、沉船沉物打捞等
	水运局	水运市场监督、港口管理等

五、供应链组成要素的相互关系

运输需求方、运输承担方和行业监管方之间的关系是一种合作、监管和遵循的关系，简单表述如图1–1。运输需求方提供需求和支付费用，运输承担方提供运输服务，行业监管方制定规则和监督遵守。三方在海运供应链中紧密合作，各自扮演着不同的角色和职责，以确保货物的安全、高效运输，海运供应链高效、可靠地运转，并维护整个供应链的稳定和可持续发展。

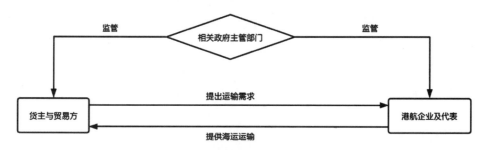

图1–1　供应链组成要素的相互关系

运输需求方和运输承担方之间的关系是一种合作伙伴关系。运输需求方作为货主或买方，需要将货物从一个地点运送到另一个地点。他们与运输承担方进行合作，协商货物的运输细节，如装运时间、运输路线、货物数量和安全要求等。运输需求方向运输承担方提供货物信息和需求，并支付相应的运输费用。运输承担方则根据需求方的要求提供运输方案，并负责货物的装载、运输和交付。

运输承担方和行业监管方之间的关系是一种被监管和监管的关系。行业监管方作为政府机构或专门的监管机构，负责监督和管理海运供应链行业的运营。他们制定和执行相关的法规、规定和标准，确保运输承担方的操作符合法律和行业要求。行业监管方对运输承担方进行许可、审核和监督，以确保其具备必要的资质和能力进行运输活动。同时，行业监管方还提供指导、培训和协调服务，以促进海运供应链行业的发展和安全。

运输需求方和行业监管方之间的关系是一种遵循和监管的关系。运输需求方需要遵守行业监管方制定的法规和规定，以确保其运输需求符合合法和安全的要求。运输需求方与行业监管方之间可能会进行沟通和申报，如向行业监管方提供货物信息、申请许可证或报告运输活动等。行业监管方则对运输需求方的操作进行监督和审核，确保其符合相关的法规和标准。

第二章　我国海运供应链要素发展分析——需求端

第一节　国际海运贸易总体需求

一、全球海运贸易概况

2020年，受新冠疫情影响，全球海运贸易量收缩了近4%；2021年，随着对相关限制的放宽，全球经济开始复苏，消费者支出持续增长，海运贸易量出现反弹，增长3.2%，达到110亿吨，略低于疫情前的水平，但是2021年海上贸易的复苏是不均衡的，也相当不稳定。2022年，根据联合国贸易和发展会议（简称贸发会议）的统计，国际海运贸易量达到120.27亿吨，略低于2021年的120.72亿吨，下降了0.4%。受到原油价格上涨和石化产品需求增加的推动，原油及成品油海上运输贸易量增长了6%，天然气海运贸易量增长了4.6%，但干散货和集装箱贸易量呈下滑趋势，同比分别下降了2.9%和3.7%。据联合国贸发会议预测，2024—2028年，海运贸易将以2.1%的年均增长率增长，低于过去30年3%的历史平均增长率。

2022年，全球原油海运量达到19.2亿吨，比2020年增长了4.0%，比2021年增长了8.3%，但仍然低于2019年的水平，与2019年相比下降了5.1%，2022年的原油海运量仍处于自2020年下半年以来的恢复通道中。从发运量区域来看，中东、北美市场份额均提升，俄罗斯份额小幅下滑。

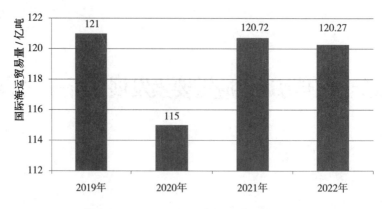

图 2-1　2019—2022 年国际海运贸易量

2022年，国际干散货航运价格总体延续了自2021年10月以来的下降态势。从反映干散货综合运价水平的波罗的海干散货指数（BDI）来看，其年度均值为1 934点，较2021年下降了34.28%。不同类型的干散货船型在2022年的运价走势相似，整体呈下跌趋势，但跌幅有所分化。运输铁矿石的海岬型船的运价跌幅最大。海岬型船运价指数（BCI）的年度均值较上一年下降了51.47%。而巴拿马型船和大灵便型船主要用于运输煤炭和粮食，其运价波动相对平缓，跌幅较小。巴拿马型船运价指数（BPI）和大灵便型船运价指数（BSI）的年度均值较上一年分别下跌了22.91%和17.25%。

2022年，国际海运贸易额上升至5.4万亿美元，而2020年仅为3.3万亿美元，贸易额的提升得益于自动化和数字化技术的不断发展，物联网、区块链、大数据和人工智能等新技术不断提高海运效率。海运承运人一直在投资航空货运、最后一千米交付和电子商务物流，这些趋势正在改变运输方式、港口运营、仓储和整个物流行业的参与者。与此同时，新冠疫情引发消费行为和偏好的改变，消费者更倾向于在网上购物，在2019年，全球电子商务占零售总额的比例为15%，然而到了2021年，这一比例已经增加到了21%，其中一些货物通常需要通过集装箱运输。

二、我国进出口贸易

2022年，我国货物进出口达到42.1万亿元，增长7.7%，贸易顺差58 630亿元，连续6年保持全球货物贸易第一大国的地位。其中，出口总额达到23.97万亿元，同比增长10.5%；进口总额达到18.10万亿元，同比增长4.3%。从全球占比来看，2022年中国出口占比虽有所回调，但整体占比保持在14%以上，仍高于2019年之前的水平。

（一）主要进出口贸易国别情况

2022年，东盟、欧盟、美国继续保持中国前三大贸易伙伴位置。中国对东盟、欧盟、美国的进出口额分别为6.52万亿元、5.65万亿元和5.05万亿元，与2021年相比分别增长15%、5.6%和3.7%（图2-2）。同期，对"一带一路"沿线国家的进出口增长19.4%，占外贸总值的32.9%，提升3.2个百分点。对区域全面经济伙伴关系协定（RCEP）其他成员国的进出口增长7.5%；对非洲和拉丁美洲的进出口分别增长16.2%和13.1%。对美国出口以资本品、消费品为主，美国的制造业投资和消费需求是影响我国对其出口的主要因素；对欧盟出口以资本品、中间品为主，欧盟作为出口导向型经济体，对中间品需求较大，但2022年受能源危机及通货膨胀影响，对家电、汽车、电子产品、机械设备等产品的进口需求大增；对东盟出口主要集中在各类制造设备和零部件，2020年以后，我国成为其维持加工制造的重要来源国；整体来看，2020年以后，各经济体对于中国出口的依赖程度有所降低。

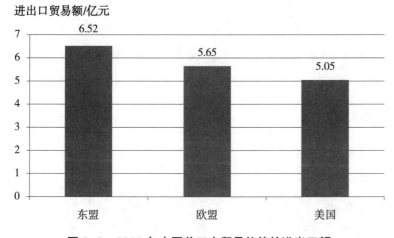

图 2-2　2020 年中国前三大贸易伙伴的进出口额

（二）部分货物出口情况

我国的机电产品出口总额高达136 973.109 6亿元，同期增长率为7%。特别是太阳能电池、锂电池和汽车等机电产品，出口增长率分别为67.8%、86.7%和82.2%，这些产品的快速增长成了我国机电产品出口的亮点，也表明我国在可再生能源和电动汽车等领域具有竞争优势。高新技术产品的出口总额达到63 391.199 71亿元，同样呈现出增长趋势，增长率为3.00%。这些数字反映出我国在高新技术产品领域的持续竞争力。除了机电产品和高新技术产品，还有一些产品呈现出明显的增长趋势，如汽车（包括底盘）出口总额为4 054.415 024亿元，其增率率为82.2%；稀土出口总额为70.71亿元，其出口量虽然下降了，但是其出口增长率为67.6%；成品油出口总额为3 237.091 146亿元，增长率为53.9%；未锻轧铝及铝材出口总额为1 722.537 117亿元，与2021年同期相比增长了37.1%；这些数字突显了我国在机电领域和高新技术领域的竞争实力。家用电器的出口量下降了92.03%，出口额也下降了13.03%；自动数据处理设备及其零部件的出口额下降了4.7%；音视频设备及其零件出口额下降了4.0%；灯具、照明装置及其零件的出口额下降了3.1%；医疗仪器及器械的出口额下降了2.8%；家具及其零件的出口额下降了2.5%，这些下降趋势可能受到市场需求和竞争变化的影响，需要进一步关注和研究（图2-3）。

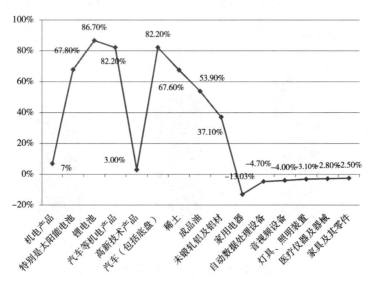

图 2-3　2022 年部分货物出口额变化

总的来说，以上数据揭示了我国进出口贸易的多样性和动态性，有许多领域出现增长，同时也存在下降的挑战。了解这些情况有助于我国在国际贸易中灵活应对各种情况，制定更有效的贸易策略和政策。

（三）部分货物进口情况

2022年，铁矿砂及其精矿产品的进口量和进口额都出现了下降，分别下降了1.5%和27.9%。纺织纱线、织物及其制品的进口额下降了22.3%；原木及锯材的进口额下降了15.1%；汽车零配件的情况也类似，进口额下降了14.7%；自动数据处理设备及其零部件进口也受到了冲击，进口额下降了12.8%。肥料的进口总额与2021年同期相比上涨了85.8%，但是其数量却下降了1.7%；原油的进口总额上涨了45.9%，但是其数量下降了0.5%；天然气的进口总额上涨了30.3%，数量下降了9.9%；煤及褐煤的进口总额上涨了22.2%，数量下降了9.2%；稀土的进口总额上涨了21.4%，数量下降了0.2%。原木及锯材的进口量下降了23.8%，进口额下降了15.1%。钢材的进口量下降了25.9%，进口额下降了6.1%。美容化妆品及洗护用品的进口量下降了11.8%，进口额下降了7.3%。初级形状的塑料的进口量下降了10%，进口额下降了5.5%（图2-4）。

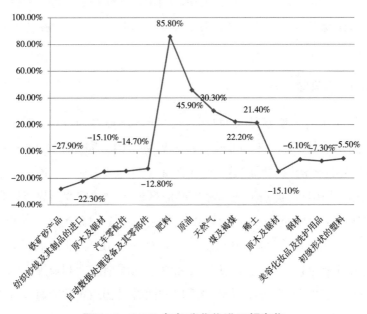

图2-4　2022年部分货物进口额变化

第二节　海运供应链需求端总体情况

一、煤炭海运贸易需求

（一）国内市场

国家统计局的数据显示，2001—2022年，我国原煤的产量整体呈上升趋势，煤炭能源消费规模总体呈上升趋势。由于煤炭行业进行结构转型升级，以适应国家环保政策和能源结构调整的要求，2016年我国原煤产量下降至近10年的最低点，为34.1亿吨。2022年，在国家增产保供稳价政策的指导下，煤炭优质产能快速释放，供应量明显增多，煤炭库存持续升高，供需形势向基本平衡转变，原煤生产实现较快增长，产量创历史新高，达到45.0亿吨，同比增长9%。2022年全国煤炭能源消费量增长至30.3亿吨标准煤，同比增长3.3%。从煤炭产地分布角度来看，2022年，山西、内蒙古、陕西、新疆、贵州、安徽这六个省份的原煤产量均超过了1亿吨，总计达到38.8亿吨，占全国总产量的86.3%左右。

（二）　国际市场

2022年煤炭需求增幅最大的是印度，同比增长7%（7 000万吨）；第二是欧盟，同比增长6%（2 900万吨）；之后是中国，同比增长0.4%（1 800万吨）。2022年波罗的海国际航运公会（BIMCO）的数据显示，欧盟的进口禁令始于2022年8月10日，此后原先从波罗的海区域出口的俄罗斯煤炭输送至印度等亚洲地区，欧洲面向美国、南非国家等的进口量大幅增加，海运运距拉长导致吨英里需求增加近30%。从煤炭出口方面看，2022年印度尼西亚（简称印尼）煤炭出口量为4.67亿吨，同比增长9.2%；而同期澳大利亚煤炭出口量下降至3.47亿吨，同比下降5.1%。从煤炭进口方面看，2022年欧盟海运煤炭进口量为1.17亿吨，同比暴增33.9%；印度煤炭进口2.18亿吨，同比增长8.1%；中国海运煤炭进口量为3.09亿吨，同比下降0.1%；2022年印尼海运煤炭出口量同比增长21.2%。其中中国仍是印尼海运煤炭出口的最大目的地国，占比达36.9%；印度出口煤炭占比由15.3%提升至22.7%。

二、原油及成品油海运贸易需求

（一）国内市场

中国对于原油、成品油等大宗散货进口持续扩大，我国原油的产量整体呈上升趋势。2021年，我国生产原油约1.99亿吨，比2020年增长2.4%。2022年，我国生产原油2.04亿吨，同比增长2.9%。2023年我国能源供应充足稳定，能源安全保障能力持续提升，全年原油产量达2.08亿吨，同比增产300万吨以上，较2018年大幅增产近1 900万吨，连续6年保持增长。2011年，中国进口石油量为630万桶/天，约为印度的1.6倍，美国的一半。到了2017年，我国进口量达1 024万桶/天，首次超过美国。2019—2023年中国原油进口量以增长为主。2019—2020年是小幅增长，其中2020年中国原油进口量快速增长至5.4亿吨，相比2019年增长率为7.22%。这主要是因为全球经济复苏缓慢，低油价带动国内原油进口量增多。受俄乌冲突影响，全球的原油供需格局和贸易流向发生改变，2021年和2022年中国原油进口量不及前期，原油进口量增速下滑，中国原油进口油种发生明显改变。2023年，国内独立炼厂加工油种调整后基本进入常态化，中国原油进口量明显增长，2023年中国原油进口总量为5.6亿吨，其中中国原油进口量增速长在11.00%，达到近五年内高点。2020年全年国内成品油产量3.31亿吨，同比下降8.1%，产量持续下降；成品油进口量为437.1万吨，进口成品油总体呈减少趋势。2021年国内成品油产量恢复增长，2022年增长至3.7亿吨，国家能源局发布的数据显示，2023年我国国内油气产量当量超过3.9亿吨，创历史新高。

（二）国际市场

从需求层面来看，随着全球经济的逐渐复苏，石油需求开始从新冠疫情的冲击中恢复。据国际能源署（IEA）估计，2022年全年石油需求达到了9 970

万桶/天，同比上升232万桶/天，增幅达2.5%。尽管某些时期受到新冠疫情的影响，全球经济及原油市场面临严峻挑战，但整体上，石油需求仍保持了增长趋势。然而，在供应方面，市场却呈现出紧张的状态。主要产地如俄罗斯受到限价及进出口禁令的影响，导致国际油气市场供应紧张，国际油气价格屡创新高。尽管国际能源署联合多国大量释放战略原油储备，试图缓解供应紧张压力，但石油供应增长并未跟上需求的步伐，市场仍呈偏紧的状态。此外，地缘政治冲突也对石油市场产生了深远的影响。特别是俄乌冲突爆发后，作为欧洲最主要能源来源地的俄罗斯与乌克兰之间的冲突，导致欧洲能源危机愈演愈烈。天然气、电力价格节节攀升，能源安全遭遇巨大挑战。这种地缘政治的紧张局势进一步推高了国际油价，使得市场波动性加大。从价格角度来看，2022年国际油价整体呈波动上涨的趋势。WTI原油期货和布伦特原油期货价格均有所上涨，其中布伦特原油期货全年累计上涨10.45%。尽管在某些时期，如2022年11月，由于终端石油消费需求持续萎靡，国际油价出现下跌，但整体上，油价仍然维持在较高水平。2023年，美国原油进口量为240万桶/天，为了应对从俄罗斯进口的地缘政治事件和制裁，欧盟的原油进口模式也发生了变化。受欧盟禁令影响，自俄罗斯进口呈现多元化和减少趋势，石油进口总平均值较2022年下降17%。印度是世界第三大石油进口国和消费国，2023年，印度原油进口量平均为465万桶/天，同比增长2%。从原油出口方面来看，根据国际能源署的报告，沙特阿拉伯继续稳居全球原油生产和出口的首位，超越美国和俄罗斯。2023年，沙特阿拉伯日均出口量达到637万桶，原油出口量同比下降约13.47%。2023年，美国原油出口记录创下新高，日均出口量为410万桶，较2022年的前高增加13%（48.2万桶）。

三、液化天然气（LNG）海运贸易需求

（一）国内市场

国家统计局发布的数据显示，我国天然气生产保持稳定，进口量增长较快。2022年，我国液化天然气累计产量达到1 742.7万吨，累计增长10.6%。2023年1—11月，我国液化天然气累计产量达到1 838.4万吨，累计增长11.1%。

据中国海关统计的数据显示，2021年，我国液化天然气的进口量小幅增长，增至7 893万吨，同比增长18.3%。2022年，我国液化天然气累计进口量达到6 344万吨，同比下降19.5%。2023年，我国液化天然气进口量达7 132万吨，同比增长12.6%，再次超越日本，成为全球最大的液化天然气进口国。在进口额方面，2022年，我国液化天然气累计进口额达到521.93亿美元，累计增长18.4%。截至2023年10月，我国液化天然气进口额为292.6亿美元，同比下降24.5%。2023年1—10月，我国液化天然气累计进口金额达到348.92亿美元，累计下降14.4%。

（二）国际市场

在全球清洁能源发展的大背景下，天然气作为低碳燃料的代表，其市场规模逐年增长。Energy Institute的数据显示，2022年，世界天然气产量为4.04万亿立方米。2023年，全球天然气产量达到4.11万亿立方米，同比增长1.6%，创历史新高。美国是目前世界上最大的天然气生产国，约占全球天然气产量的1/4。2022年，美国天然气的产量和消费量都出现了较大幅度的增长，均创下了历史新高。2022年，美国的天然气总开采量为12 300亿立方米。除了是主要的天然气生产国之外，美国还是最大的天然气消费国。2022年，美国天然气消费总量为32.314万亿立方英尺（约合9 150亿立方米），同比增长5%，占世界的22.4%。中东地区天然气产量增加151亿立方米，同比增长2.1%；产量增加100亿立方米以上的国家有加拿大和中国，增量分别为127亿立方米和125亿立方米；俄罗斯因贸易受限产量减少837亿立方米，同比下降11.9%。从液化天然气进口方面来说，2022年全球液化天然气进口总量为4.09亿吨，而前一年为3.796亿吨。2022年，欧盟液化天然气进口量达到1.01亿吨，比2021年增长58%，这也使得欧盟成为全球最大的液化天然气买家。从液化天然气出口量方面来说，2023年美国共出口9 120万吨液化天然气，超越卡塔尔和澳大利亚，跃升为全球最大的液化天然气出口国。澳大利亚位居第二，2022年其液化天然气的出口量为8 090万吨，2023年的液化天然气出口量与2022年相比变化甚微。2022年，卡塔尔以8 000万吨的液化天然气出口量成为全球最大的液化天然气出口国。2023年，卡塔尔液化天然气出口量自2016年以来首次出现萎缩，同比下降1.9%，使该国成为全球第三大的液化天然气出口国。

四、铁矿石海运贸易需求

（一）国内市场

2022年，中国钢铁行业面临着供需双方都相对疲弱的形势，这导致行业内企业的盈利状况明显下滑。2022年，房地产投资明显下降，对用钢需求造成了显著冲击，这也导致钢铁产量出现下降，同时粗钢的表观消费量同比继续减少。根据国家统计局的数据，2022年中国粗钢产量约为10.2亿吨，同比下降约2%，呈现继续下降的态势。2022年，全国钢厂进口铁矿石库存延续2021年下半年以来的去库存趋势，受钢厂下半年大面积亏损的影响，企业通过压缩库存来减少资金占用，整体库存水平线较2021年同期下移600万～700万吨，且屡次刷新历史最低值。

虽然我国铁矿石原矿产量较大，但国内铁精粉的产量无法满足我国钢铁行业快速增长的需求。长期以来，我国铁矿石自给率一直较低，且开采原矿低于世界平均水平，直接导致我国钢铁企业对进口铁矿石存在较高的依赖。就我国铁矿石生产而言，2018年及以前，随着国内环保政策，如"双碳"等政策的连续发布和完善，整个钢铁行业持续出清，而铁矿石作为产业链上游，在整个产业结构中，滞后的产能一直在进行不断的调整，这导致我国铁矿石产量持续减少。在滞后产能基本出清、国内需求持续提升的背景下，铁矿石供不应求，产量小幅度增长。2020年，中国进口铁矿石数量为11.70亿吨，同比增长9.49%。相比之下，中国的铁矿石产量从2019年的84 435.60万吨增加到2020年的86 671.70万吨，增长率为2.65%。2021年，中国进口铁矿石数量下降至11.24亿吨，相比2020年下降了3.86%。然而，根据海关总署的数据，2021年中国进口铁矿石的金额达到11 941.6亿元，比2020年增长了39.56%。这表明，尽管铁矿石价格上涨，但中国对进口铁矿石的需求并未显著减少。到2022年上半年，中国进口铁矿石5.36亿吨，同比下降了4.40%；进口额为4 393.08亿元，同比下降了30.60%。这主要是由于国际铁矿石价格走低，导致进口铁矿石的采购金额大幅度下降。

（二）国际市场

2022年，全球通货膨胀压力不断上升，各国央行，特别是美联储等主要央行持续加息，这导致大宗商品明显承受压力。根据世界钢铁协会的统计数据，2022年全球粗钢产量同比下降，导致原材料的需求下降，铁矿石市场出现了阶段性的供需宽松，铁矿石均价也出现了下滑。2022年，普氏铁矿石均价为120.2美元，同比下降了24.6%；中国进口铁矿石的均价为118.2美元，同比下降了28.0%。2022年，全球铁矿石海运贸易量下滑至2018年左右水平。据Mysteel统计，2022年，海外端由于俄乌战争影响，乌克兰铁矿石产出减少成为全年供应端最大的变量之一，全球铁矿石发运总量15.16亿吨，同比下降5 180万吨，降幅为3.3%。其中受铁矿石价格回落和中国下游需求低迷影响，除澳大利亚、巴西以外的非主流铁矿石发运量降幅最为明显，全年发运量2.40亿吨，同比减少5 111万吨，降低17.6%。降幅最多的国家主要是印度、乌克兰，分别下降1 974万吨、2 357万吨。

五、粮食海运贸易需求

（一）国内市场

粮食产量呈现出波动增长的趋势。2012—2022年，中国的粮食产量从61 222.62万吨波动增长至68 653万吨，增加了7 430.38万吨，增幅约为12.14%。一方面，由于饲料粮的供应相对紧张，中国的大豆、小麦、玉米以及其平均市场价格都呈现出波动增长的趋势。2021年1月至2022年11月，中国大豆的月均市场价格增长了2.56%；小麦的月均市场价格增长了19.9%；玉米的月均市场价格增长了11.98%；3种粮食的月均市场价格增长了9.16%。另一方面，国内的谷物市场供求总体上比较宽松，稻谷的价格呈波动下降的趋势，稻谷的月均市场价格下降了2.59%。为进一步丰富粮食进口货源结构、避免进口国家单一，我国在2023年1月底正式打通巴西玉米输华走廊，进口玉米的主要来源地从传统的北美、黑海产区，进一步拓展到国际玉米产地——南美洲。

（二）国际市场

2022年，在全球粮食危机的背景下，粮食成本大涨，20多个国家出台粮食产品的出口限制令。联合国粮食及农业组织（FAO）的食品价格指数创下历史新高，2022年平均水平为143.7点，同比涨幅高达14.3%。俄乌局势下的小麦、玉米等粮食货运需求由黑海地区转向美国、巴西、阿根廷、澳大利亚等相关区域。

六、商品汽车海运贸易需求

（一）国内市场

2023年国内汽车产销均有所下降。7月，汽车产销分别完成240.1万辆和238.7万辆，环比分别下降6.2%和9%，同比分别下降2.2%和1.4%。在2022年同期高基数影响下，叠加传统车市淡季，产销节奏有所放缓，整体市场表现相对平淡，环比同比均有所下滑。1—7月，汽车产销分别完成1 565万辆和1 562.6万辆，同比分别增长7.4%和7.9%，累计产销增速较1—6月均回落1.9个百分点。汽车国内销量199.5万辆，环比下降10.9%，同比下降6.3%；汽车出口39.2万辆，环比增长2.6%，同比增长35.1%。1—7月，汽车国内销量1 309.4万辆，同比增长1%；汽车出口253.3万辆，同比增长67.9%。

2023年7月，乘用车产销分别完成211.5万辆和210万辆，环比分别下降4.7%和7.4%，同比分别下降4.3%和3.4%。7月是汽车市场的传统淡季，需求相对减弱，产销节奏有所放缓。加之2022年同期乘用车市场在促消费政策拉动下呈现高增长，因此2023年7月乘用车销量环比、同比均呈下降趋势。

2023年1—7月，乘用车产销分别完成1 339.7万辆和1 336.8万辆，同比分别增长6%和6.7%。而乘用车国内销量177.4万辆，环比下降9.3%，同比下降8.2%；乘用车出口32.6万辆，环比增长4.5%，同比增长34.9%。其中，传统燃油乘用车销量继续下降，国内销量112.6万辆，比上年同期减少29.2万辆，环比下降10.9%，同比下降20.6%。1—7月，乘用车国内销量1 126.3万辆，同比下降0.7%；乘用车出口210.5万辆，同比增长77.5%。商用车中货车产销均完成24.8万辆，环比分别下降17.2%和19.8%，同比分别增长16.5%和15%。客车产销分别完成3.8万辆和3.9万辆，环比分别下降10.9%和13.6%，同比分别增长20%和30.1%。货车产销分别完成198.8万辆和199.6万辆，同比分别增长15.6%和14.8%。客车产销分别完成26.5万辆和26.2万辆，同比分别增长27.6%和25.1%。

2021年以来，中国汽车出口增长迅速。2015—2020年，中国汽车年出口量约为100万辆，2021年、2022年中国汽车出口量分别达到201.5万辆、311.1万辆，分别同比增长101%、54%，超越了德国的汽车出口量，位列世界第二位，仅次于日本。从全球汽车海运贸易量来看，2022年中国汽车出口海运量增速达到61%，成为增幅最高的国家。2021—2022年，中国新能源汽车出口趋势向好，有超53万家新能源汽车相关企业，2019—2022年新增企业注册数近28万家。2021年中国新能源汽车的出口量占全球的1/3，成为全球第一大新能源汽车出口国；2022年出口新能源车67.9万辆，同比增长99.7%，呈现高速增长势头。从中国汽车出口地区占比来看，2020年下半年以来中国汽车出口欧洲的数量显著提升，2022年出口至欧洲汽车量占比由2019年的10.0%提升至26%；从中国汽车出口地区增速来看，增量主要在经济发达地区，2022年中国至欧洲、北美出口量增速分别为41%和106%。中国至欧洲、南美、北美等长距离汽车海运量大幅增长，2022年中国出口汽车海运量达到264.1万辆，大幅增长61%，显著高于传统汽车出口大国（日本增长2%、韩国增长14%、美国增长-9%）。2023年一季度，我国已跃居全球第一大汽车出口国，其中新能源汽车出口量占比达23.2%。

2022年，我国长江三角洲（简称长三角）地区的上汽、奇瑞、特斯拉和吉利等车企的出口量占我国总出口量的58.5%，长江中上游的长安、东风等占14.8%，汽车海运需求十分旺盛。上海港承担我国汽车滚装出口量的近六成，是长三角和长江沿线地区商品汽车外贸出口的主要港口，2022年完成商品汽车外贸出口量133万辆，占全国滚装码头商品汽车外贸出口量的57.5%，其中单月外贸出口量最高超过16万辆，外高桥港区2个7万吨级泊位的泊位利用率超过85%，高峰期待泊时间超过10天，已出现码头、堆场能力紧张问题。同时，上海港也是我国集装箱国际枢纽港，可供规划建设汽车滚装码头的港口资源十分紧张，承接需求增量的苏州港总体规划中也仅布置2个汽车滚装泊位，资源空间相对不足。

（二）国际市场

2022年，全球汽车缺芯困扰持续，全年汽车产量达到8 466.6万辆，同比增长5.6%，但仍低于2019年的汽车产量水平。从地区来看，亚洲、欧洲及北美地区的汽车产量占比达到95%，其中亚洲汽车产量保持龙头地位，占比达到57.8%。2022年，全球汽车销量有所下降，全年汽车销售总量为7.849.7万辆，同比下降2.4%。从地区来看，北美和欧洲市场销量持续呈下降趋势，而亚洲市场销量同比增长3.2%，除中国、印度、墨西哥销量同比增长外，其余国家销量均呈不同程度的下降趋势。根据Clarksons的数据，2022年全球汽车海运量同比增长10.3%，而同期全球汽车销量同比下降2.98%。全球汽车海运量恢复速度显著快于汽车销量，主要是由于欧美本土化产销受阻所带来的海运贸易量提升。

第三章　我国海运供应链要素发展分析——港口供给端

第一节　国内港口

一、国内港口总体规模与布局

（一）中国港口规模现状

目前，我国港口规模不断扩大，已构成"布局合理、层次分明、功能齐全"的港口格局，建成了环渤海、长江三角洲、东南沿海、珠江三角洲（简称珠三角）和西南沿海区域规模庞大并相对集中的五大沿海港口群，形成了煤炭、石油、铁矿石、集装箱、粮食、商品汽车、陆岛滚装和旅客运输等8个运输系统的综合布局，为畅通我国"双循环"提供了强大的新动能。截至2022年末，全国港口生产用码头泊位22 893个，其中，沿海港口生产用码头泊位5 562个，内河港口生产用码头泊位17 331个；全国港口万吨级及以上泊位2 592个。从分布结构看，沿海港口万吨级及以上泊位2 138个，内河港口万吨级及以上泊位454个。2021年全国港口分货类吞吐量如表3-1所示。

表 3-1　2021 年全国港口分货类吞吐量　　　　　　单位：万吨

货物分类	沿海	内河	合计
煤炭及制品	183 178	99 931	283 109
石油天然气及制品	116 986	14 630	131 616
石油	66 727	1 701	68 428
金属矿石	160 718	79 213	239 931
钢铁	37 945	30 656	68 601
矿建材料	94 826	177 720	272 546
水泥	12 150	35 974	48 124
木材	8 123	4 341	12 464
非金属矿石	26 146	27 419	53 565
化学肥料及农药	3 484	3 518	7 002
盐	1 167	1 604	2 771
粮食	24 379	14 474	38 853
机械、设备、电器	15 420	2 034	17 454
化工原料及制品	20 401	13 366	33 767
有色金属	1 197	254	1 451
轻工、医药产品	12 918	1 910	14 828
农林牧渔业产品	4 154	1 692	5 846
其他	274 067	48 541	322 608
总计	997 529	557 275	1 554 804

（二）中国沿海港口布局

全国沿海布局26个主要港口，从北往南依次是：大连港、营口港、秦皇岛港、唐山港、天津港、黄骅港、烟台港、青岛港、日照港、连云港、上海港、南通港、苏州港、镇江港、南京港、宁波—舟山港、温州港、福州港、厦门港、汕头港、深圳港、广州港、珠海港、湛江港、防城港、海口港。

1. 外贸集装箱运输布局

我国形成以大连港、天津港、青岛港、上海港、宁波—舟山港、苏州港、厦门港、深圳港、广州港九大港口为干线港，其他港口为支线港的外贸集装箱运输格局。

辽宁沿海、津冀沿海、山东沿海和东南沿海分别形成以大连港、天津港、青岛港和厦门港为干线港的布局。该布局继续巩固干线港在区域外贸集装箱运输中的枢纽作用，积极提升在全球集装箱航运网络中的地位，提升国际竞争力和影响力，同时大力提升海铁联运比重和港口服务水平，适应腹地贸易方式转变及产业转型需求。

长三角地区外贸集装箱运输系统围绕强化发展上海国际航运中心，布局上海港、宁波—舟山港、苏州港为干线港。上海港为上海国际航运中心集装箱干线港体系的核心，重点发展干线运输，完善长江流域的江海联运服务网络；宁波—舟山港是上海国际航运中心集装箱干线港体系的南翼，继续强化干线运输，着力搭建便捷的海铁联运网络；苏州港是上海国际航运中心集装箱干线港体系的北翼，发挥区位和资源优势，逐步发展集装箱外贸运输，完善江海联运。

珠三角地区外贸集装箱运输系统围绕巩固发展香港国际航运中心，布局深圳港、广州港为干线港。深圳港巩固发展干线运输，积极发展海铁联运体系及水网转运体系，着重提升港口服务功能。广州港逐步发展干线运输，加快完善水网转运体系，提升服务功能。

2. 煤炭运输布局

北方煤炭装船港区：包括秦皇岛港东港区、唐山港曹妃甸与京唐、天津港南疆、黄骅港煤炭港区、青岛港前湾、日照港石臼港区、连云港墟沟和锦州港笔架山港区。南方公共煤炭接卸港区：长三角水网地区煤炭中转港口布局在苏州港太仓港区、嘉兴港独山港区；服务长江沿线地区中转的一程接卸港区布局在宁波—舟山港六横港区，减载接卸港区布局在苏州港太仓、南通港如皋港区。珠三角水网地区煤炭中转港区布局在广州港新沙、东莞港麻涌和珠海港高栏港区。

3. 原油进口布局

辽宁沿海布局大连、营口为主要接卸港，共同为东北腹地炼厂服务。津冀沿海布局以唐山、天津为主要接卸港，适时发展黄骅港，服务京津冀及鲁西北地区炼厂。山东沿海布局以青岛港、日照港和烟台港为主要接卸港，主要依托黄潍、董潍、日仪、日洛、日东、日滨、东广等管线服务鲁豫地区、长江沿线地区炼厂及山东地方炼厂，兼顾石油储备、商贸储运需求。长三角地区以宁波—舟山港和连云港港为主要接卸港。宁波—舟山港主要依托甬沪宁管线、沿江管线服务于长三角及长江沿线炼厂，以及石油储备、商贸储运、燃供等需求，同时保留一定的水水中转能力。连云港主要服务于后方炼化基地建设，结合管网建设，兼顾服务沿江地区炼厂。东南沿海布局以泉州港、漳州港口为主要接卸港，服务后方炼厂。珠三角布局以揭阳港、惠州港、茂名港为接卸港，服务后方炼厂。西南沿海以湛江港、钦州港、洋浦港为接卸港，服务后方炼厂和石油储备。原油码头主要接卸港应根据安全技术规程要求，加强对港口的码头作业、罐区储存、管线运输的安全管理。

4. 铁矿石进口运输布局

辽宁沿海布局以营口港、大连港为主，丹东港为辅的接卸格局，服务于东北地区钢铁企业。津冀沿海布局以唐山港、天津港、黄骅港为主要接卸港，服务于津冀及晋蒙等西向腹地。山东沿海布局以青岛港、日照港为主，烟台港为辅的接卸格局，服务于鲁豫等腹地。长三角地区布局以长江口外宁波—舟山港为20万吨级以上大型船舶接卸中转基地，长江口内上海港、苏州港、南通港以接卸大型减载进江船舶和为长江沿线地区中转为主，镇江港、南京港以接卸二程进江船舶为主的海进江中转运输。

5. 商品汽车运输布局

商品汽车运输布局以大连港、营口港、天津港、青岛港、上海港、苏州港、南京港、广州港、东莞港为主，建设具有规模化中转储运、物流集散功能的商品汽车专业化码头。围绕商品汽车滚装运输港口布局，大力推进商品汽车水上滚装运输发展，积极拓展装配、物流、商贸等增值服务功能。

二、主要集装箱港口及港区

（一）上海港：外高桥

上海港位于中国大陆东海岸的中部、"黄金水道"长江与沿海运输通道构成的"T"字形水运网络的交会点，前通中国南、北沿海和世界各大洋，后贯长江流域、江浙皖内河及太湖水系。公路、铁路网纵横交错，集疏运渠道畅通，地理位置重要，自然条件优越，腹地经济发达，是中国沿海的主要枢纽港，也是中国对外开放、参与国际经济大循环的重要口岸。

外高桥港由高桥嘴和五号沟两个港组成。高桥嘴港俗称外高桥顺岸式码头，为1994年10月底建成的一期工程顺岸式码头，位于长江口南港航道南岸，下游与外高桥电厂相邻，上游距吴淞口约6千米，岸线长990米。

外高桥港是上海港在浦东新区新建的综合性码头。其主要功能为浦东新区开发和长三角经济发展服务，并将逐步发展成为以接纳第三、第四代国际集装箱为主体的内、外贸相结合的深水港区。

（二）宁波—舟山港：北仑

北仑港区，系深水良港，位于甬江口门东侧金塘水道南岸，西起甬江口岸长跳嘴灯桩，东至柴桥镇穿山港的人渡码头。同时，北仑港为海港，港区水域自甬江口经北导流堤的堤头灯塔，至长跳嘴灯桩连线以东，从濒浦山与金塘岛西北端太平山灯塔连线以南，至金塘岛东南端宫山与大榭岛北端涂泥嘴灯桩连线以西，面积150平方千米。

北仑港区港域大部分水深在50米以上，航道最窄处宽度亦在700米以上。25万吨级重载海轮可自由进出，30万吨级可候潮出入。水域广阔，可供锚泊作业水面有34平方千米，约可容万吨以上船只300艘同时锚泊。

规划的北仑港区包括大榭岛、梅山岛和穿山岛，深水岸线达120千米以上，可建各类生产性泊位285个，其中深水泊位152个。目前已建成投产27个深水泊位，其中有10万吨级、20万吨级矿石中转泊位（可靠泊30万吨级特大型货轮），25万吨级原油码头，8万吨级国际集装箱泊位和煤炭专用泊位及通用泊位。现在北仑港区已发展成拥有多座深水泊位的大型泊位群体，形成了综合性的深水大港。

（三）深圳港：盐田

深圳港位于广东省珠三角南部，珠江入海口，伶仃洋东岸，毗邻香港，是珠三角地区的出海口之一。深圳港的建设与深圳经济特区同步发展，在推动各行业的发展、扩大对外交流等方面发挥着重要作用。截至2021年底，深圳港货物年吞吐能力为2.40亿吨，其中集装箱吞吐能力为2 419万标准箱。客运泊位26个，年设计通过能力为1 373.8万人次。深圳港全年完成货物吞吐量2.78亿吨，较2022年增长5.03%。其中，外贸吞吐量2.09亿吨，占货物总吞吐量的74.90%，较2022年增长10.34%；内贸货物吞吐量6 986.57万吨，较2022年下降8.18%。

盐田港区位于广东省深圳市盐田区大鹏湾，是由和记黄埔（重组后为长江和记实业）与深圳市人民政府合资的企业。盐田港分为东、中及西港，其中中港分为第一至第三期，西港分为第一至第二期；东港尚未建设。盐田国际集装箱码头（盐田国际）是天然深水良港，也是中国进出口贸易的重要门户。港区现有16个大型集装箱深水泊位，码头面积373万平方米，与全球近40家大型船舶公司紧密合作，每周提供近100条航线抵达世界各主要港口。

（四）广州港：南沙

南沙港区坐落于广东省广州市南沙区西岸龙穴岛，该岛南向南海，东望深圳，西靠南（海）、番（禺）、顺（德），位于珠三角的地理几何中心，是广佛经济圈和珠三角西翼城市通向海洋的必由之路；方圆100平方千米内覆盖整个珠三角城市群，是连接珠三角两岸城市群的枢纽性节点。南沙港区共开通集装箱班轮航线27条，其中外贸直航班轮航线19条，内贸班轮8条。南沙港区码头泊位共92个，其中万吨级及以上泊位16个，10万级泊位2个，12万级泊位1个。

（五）天津港：北疆

天津港地处渤海湾西端，坐落于天津滨海新区，背靠国家新设立的雄安新区，辐射东北、华北、西北等内陆腹地，连接东北亚与中西亚，是京津冀的海上门户，是中蒙俄经济走廊东部起点、新亚欧大陆桥重要节点、21世纪"海上丝绸之路"（简称"海丝"）的战略支点。截至2021年，天津港沿海泊位长度45 853米，主要规模以上港口码头泊位212个，其中，万吨级以上泊位139个；港口货物吞吐量为5.30亿吨，其中，煤炭及制品6 670.65万吨，石油天然气及制品7 376.65万吨，金属矿石11 624.90万吨，集装箱吞吐量为2 026.94万标准箱。

北疆港区位于船闸航道和天津港主航道以北，北至永定新河口，西至海防路，向东扩展至东疆港区，规划陆域总面积约为36.8平方千米。整个港区由专业化集装箱码头作业区、综合作业区、集装箱物流中心和天津港保税区等四大主要功能区组成。北疆港区是以承担集装箱运输为主，兼顾杂货、非大宗类散杂货和沿海旅客运输，相应发展现代综合物流、临港加工、保税仓储及配送、金融商贸、综合服务等多种功能的综合性港区。

（六）青岛港：前湾

青岛港位于环渤海地区港口群、长三角港口群和日韩港口群的中心地带，是我国沿海主要港口之一、外贸集装箱运输干线港、外贸进口原油和铁矿石运输主要接卸港、北方煤炭装船港、邮轮始发港，被列为东北亚国际航运中心和世界重要航运枢纽的龙头。

前湾港区是青岛港的港区之一。青岛港有青岛大港港区、黄岛油港区、前湾新港区、董家口港区等。前湾港是中国大陆最大的集装箱中转港、冷藏箱进出口港、世界第14大集装箱港口，目前集装箱吞吐量居中国沿海港口第三位。前湾港拥有现代化的煤码头、20万吨级矿石码头，可接卸第六代大型集装箱船舶的集装箱专用深水泊位，主要开展集装箱装卸、储存、中转、代理、拆装箱、修洗箱、冷藏、危险品储存等全方位服务，承担了青岛港80%的吞吐量，成为以矿石、煤炭和集装箱运输为主的大型现代化、多功能、高效率的贸易和物流中心。

前湾港拥有11个全国最大水深的集装箱专用泊位，吃水深度达17.5米，可接纳载箱量10 000标准箱以上的超大型集装箱船舶作业；拥有全国最大的集装箱堆场，纵深长达1 500米，总面积225万平方米；拥有全国最长的顺岸码头，岸线3 400米。

（七）厦门港：海沧

海沧港区地处福建省东南的金门湾内，九龙江入海口，面向东海，濒临台湾海峡，与台湾、澎湖列岛隔水相望，是我国东南海疆之要津，入闽之门户。海沧港区不仅拥有繁忙的海上运输航线，还通过中欧（厦门）班列等铁路运输通道，使"海丝"和陆上丝绸之路（简称"陆丝"）在海沧邂逅，成为两者交织的"黄金节点"，为货物的进出口和转运提供了更加便捷的通道，推动了区域经济的发展。

海沧港区规划建设 32 个万吨级泊位，其中 10 万吨级 15 个，目前已建 22 个，在建 6 个，拟建 4 个。港区前沿水深13～17 米，可停靠最新一代超巴拿马集装箱船舶，是厦门港中唯一可停泊 15 万吨集装箱船舶的港区。目前已建成了海沧保税港区东集中查验区、现代化电子信息平台等公共物流服务平台，具备物流活动区、港口服务中心、集装箱货运站主体功能和一体化运作的物流综合服务及公共支持系统服务的有利条件。

海沧港区的功能十分多元，在集装箱运输领域，它被明确地定位为集装箱中远洋干线运输港，这一地位举足轻重。目前，其集装箱年吞吐量在厦门港总量中占比接近八成，成绩斐然。已开通的国际航线多达 50 多条，这些航线如同一座座海上桥梁，将海沧港区与美国、欧洲、日本、台湾、香港、韩国、东南亚、地中海等世界主要港口紧密相连，货物能够顺畅地通达包括共建 "一带一路" 国家和地区在内的全球众多港口，有力地推动了国际贸易的发展。在液体化工运输方面，港区拥有一整套完善的液体化工码头和仓储设施。这些设施不仅具备先进的装卸技术，能够高效地完成各类液体化工产品的装卸作业，而且在存储环节，严格按照相关标准和规范，确保了液体化工产品的安全存储。无论是常见的化工原料，还是一些特殊的化学品，都能在这里得到妥善的处理，使其成为东南沿海重要的液体化工品转运枢纽之一。散杂货运输也是海沧港区的重要功能之一。它具备强大的散杂货装卸、存储和中转能力，能够应对各种散杂货，如煤炭、矿石、粮食等。通过专业的装卸设备和科学的管理流程，确保了散杂货在港口的高效流转，为区域内的工业企业和贸易商提供了可靠的物流服务。

在运营管理方面，海沧港区始终走在行业的前列，积极推进智慧港口建设。其中，远海码头堪称典范，它拥有中国第一个完全具有自主知识产权的全自动化码头。在这个码头，先进的自动化设备代替了传统的人工操作，从集装箱的装卸、搬运到堆放，都实现了高度自动化。同时，这里还建成了全国首个 5G 全场景智慧港口，5G 技术的应用使得港口的各个环节实现了高速、稳定的数据传输。通过智能监控系统，工作人员可以实时掌握港口的作业情况，及时发现并解决问题，大大提高了作业效率和服务质量，同时也降低了运营成本。

在运输模式创新上，海沧港区大力发展海铁联运、公铁联运等多式联运模式。其中，厦门港远海码头海铁联运项目是国家交通物流融合发展第一批重点项目之一。该项目建成了中国第一条垂直岸线直接进入码头作业区的铁路专用线，实现了海运与铁路运输的无缝对接。货物在港口卸下后，可以直接通过铁路运往内陆地区，极大地缩短了运输时间，提高了运输效率。公铁联运方面，通过合理规划公路运输线路和铁路站点的衔接，实现了货物在不同运输方式之间的快速转换，为客户提供了更加便捷、高效的物流解决方案。

（八）大连港：大窑湾

大连港位于辽东半岛南端，濒临黄海，是一个天然深水良港，是南北水陆交通的重要枢纽，也是我国最大的散粮、石油进出口岸及主要对外贸易港口，是正在兴起的东北亚经济圈的中心，是该区域进入太平洋、面向世界的海上门户。大连港集团与世界上160多个国家和地区、300多个港口建立了海上经贸航运往来关系，开辟了75条集装箱国际航线，已成为中国主要集装箱海铁联运和海上中转港口之一。

2021年，大连港完成货物吞吐量3.16亿吨，其中外贸吞吐量39亿吨、集装箱吞吐量367.2万标准箱；完成煤炭吞吐量2 536万吨，石油、天然气及制品吞吐量9 921万吨，金属矿石吞吐量3 115万吨，粮食吞吐量1 306万吨。截至2021年底，大连港共拥有12个港区，拥有生产性泊位231个，其中万吨级及以上泊位109个、集装箱泊位14个；港口综合通过能力3.75亿吨，其中集装箱通过能力490万标准箱。

大窑湾港区海阔、水深、岸长及避风、不冻不淤，有着得天独厚的地理、交通及经济环境上的优势。它与大连港隔海相望，毗邻大连经济技术开发区和大连保税区，港口4个泊位年吞吐能力260万吨，码头堆积、库场面积12万平方米，可一次性堆存8万余吨货物。2个集装箱泊位，可停靠第三代集装箱船舶，年通过能力20万标准箱，配备了各种先进的装卸机械110多台。与之配套的集装箱前沿堆积场15万平方米，码头箱位4 000多个，码头及防波堤长达3 000余米。

（九）钦州港：大榄坪

钦州港三面环山，港湾内水域宽阔，风浪小，含沙量少，冲淤平衡，是广西的深水良港之一。港区所辖海岸线西起钦防界茅岭江口，东至北钦界大江口，岸线总长520.8千米。港口规划岸线96.89千米，其中深水海岸线68.98千米，可建1万～80万吨级深水泊位约200个，其中10万吨级以上35个，年吞吐能力可达亿吨以上。钦州口岸进口商品主要为矿、黄大豆、液化气和无烟煤等，钦州港还是中国仅有的6个保税港之一，区域政策、优惠政策优势明显，是国家和广西重点扶持发展的大海港。

三、主要煤炭港口

（一）秦皇岛港：东港区

秦皇岛港东港区位于秦皇岛港的东部，西至新开河口，东至煤五期码头。由一港池、二港池、三港池组成，其中油一期、二期码头位于一港池，煤一期、二期码头位于二港池，煤三期、四期、五期码头位于三港池。东港区以能源运输为主，拥有世界一流的现代化煤码头，码头设施完备，助航标志完善，障碍物少，航道等级高。船舶可经主航道或10万吨级航航道进出该港区，其中10万吨级航道宽200米，水深达16.5米。进出东港区的船舶根据需要可使用西锚地、东锚地、油轮锚地、10万吨级锚地重载锚地进行抛锚。

（二）唐山港：曹妃甸

曹妃甸港区地处渤海湾中心地带，位于唐山市南部 70 公里的滦南县海域，面向渤海，毗邻京津冀地区，是华北、西北等地区连接东北亚、走向国际市场的重要门户。其所在的曹妃甸岛拥有天然的深水岸线，是渤海湾内唯一不需开挖航道和港池即可建设 30 万吨级大型泊位的天然 "钻石级" 港址，为大型船舶的停靠提供了得天独厚的条件，也使得港区在构建国际深水大港的进程中占据了先天优势。同时，曹妃甸港区与内陆通过铁路、公路等交通网络紧密相连，后方陆域广阔且平坦，便于大规模的港口建设和配套产业发展。

港区基础设施完备，功能丰富多样，吞吐量成绩斐然。2024 年，唐山港曹妃甸港区货物吞吐量达 5.573 亿吨，在各类货物运输方面成果显著。矿石码头拥有多个 10 万吨级以上泊位，年接卸能力达数亿吨，是我国重要的铁矿石进口中转基地；2024 年 1—8 月，累计完成货物吞吐量 3 751.91 万吨，较去年同期增长 18.8%，创下了该码头开港以来的历史新高，截至 8 月 31 日，曹妃甸港 2024 年度累计完成货物吞吐量 10 003.54 万吨，较 2023 年提前 27 天突破亿吨大关。煤炭码头采用先进的自动化设备，具备高效的装船和卸船能力，为保障我国北方地区的能源供应发挥着关键作用。原油码头能够停靠 25 万吨级以上的油轮，配套建设了大型原油储罐区，满足了石油化工产业对原油的运输和存储需求。集装箱码头逐步完善，航线不断拓展，加强了与国内外主要港口的联系。此外，港区还拥有完善的物流园区，为货物的仓储、加工、配送等提供一站式服务。

在运营管理上，曹妃甸港区积极推进智慧港口建设，利用大数据、物联网等技术，实现港口设备的智能化管控和货物信息的实时跟踪，提高了运营效率和管理水平。在多式联运方面，港区大力发展海铁联运，与多条铁路干线相连，实现了港口与内陆地区的高效衔接。未来，随着京津冀协同发展战略的深入实施，以及港口功能的持续完善和拓展，曹妃甸港区将在区域经济发展中发挥更为重要的作用，不断提升其在全球港口中的竞争力和影响力。

（三）黄骅港：神华

黄骅港现在有三个港区：神华煤炭港区、黄骅综合港区、河口港区。黄骅港地处渤海湾中南部，毗邻京津，背靠大西北，是河北省沿海的地区性重要港口；是我国北方主要的煤炭装船港之一；是"三西"煤炭外运第二通道的重要出海口；是沧州市融入环渤海、京津冀经济圈，发挥沿海优势，促进临港产业开发，打造河北南部地区经济增长极的重要依托，是实施京津冀一体化的重要桥头堡。黄骅港由四大港区组成，从北到南依次为综合港区、散货港区、煤炭港区及河口港区。其中煤炭港区是"国家重点港区"之一，是我国主要的能源输出港的重要组成部分，承担着煤炭运输的重任。建有双向 5 万吨、单向 7 万吨级航道，长度 41 千米，具备高效的煤炭装卸和转运能力，采用先进的自动化设备，保障煤炭的快速装船和卸船，为我国能源供应提供了有力支持。

（四）苏州港：太仓

太仓港区位于江苏省太仓市境内东部，陆域规划控制面积约261.8平方千米，沿长江入海口38.8千米的黄金深水岸线呈带状分布，是国家一类口岸、上海国际航运中心的组合港和集装箱干线港、江苏省第一外贸大港。太仓港已建成大小各类泊位52个，其中万吨级以上泊位28个。港口货物吞吐能力9 780万吨，集装箱吞吐能力435万标准箱。已建成各类仓库20万平方米，堆场190万平方米。开辟国际国内航线82条，其中远洋航线2条，近洋航线10条。

（五）宁波—舟山港：六横

宁波—舟山港位于我国东南沿海，位于中国大陆海岸线中部、"长江经济带"的南翼，背靠长江经济带与东部沿海经济带"T"型交会的长三角地区，为中国对外开放一类口岸，是我国大陆重要的集装箱远洋干线港、中国沿海主要港口和中国国家综合运输体系的重要枢纽。2021年，宁波—舟山港货物吞吐量全球港口第一。2021年，宁波港域完成货物吞吐量12.24亿吨，其中主要货种铁矿石吞吐量完成6 339.28万吨，煤炭吞吐量完成9 598.89万吨，原油吞吐量完成6 275.32万吨；舟山港港口货物吞吐量突破6亿吨，江海联运量2.8亿吨。

以六横岛为核心，由六横岛、佛渡岛和宁波北仑的梅山岛区域组成的六横港区域，是杭州湾区域的有机组成部分。六横港口以良好的区位和深水岸线资源优势，特别是深水港口资源在长三角地区乃至全国独一无二，是区域产业整合发展无可替代的主要战略资源，在环杭州湾区域要素整合和产业布局中具有相对独特的地位和作用。

（六）广州港：新沙

新沙港区是广州港的重要综合性港区，新沙港区南部码头区以服务散粮、食用油、件杂货等物资运输为主，兼顾集装箱运输，由广州港新沙港务有限公司运营。码头区北部采用挖入式港池，布置1 000～5 000吨级驳船泊位和工作船泊位；顺岸布置4个7万～10万吨级通用泊位；码头区南端布置1 000～3 000吨级驳船泊位。

新沙港区位于珠三角地理中心，主要由港区1号～10号泊位、西贝沙码头、淡水河码头三部分组成，港池最大水深13.5米。港区总面积超过150万平方米，库场堆存面积超过100万平方米。港区年货物吞吐量接近7 000万吨，是珠江口规模最大的综合性码头。新沙港区是国务院批准的首批"国家煤炭应急储备基地"、华南地区重要的煤矿集疏运中心，是中国三大商品车整车进口口岸之一，也是国家进境粮食首批A类指定口岸。

四、主要原油及成品油港口

（一）大连港：鲇鱼湾

大连港油品码头现有原油储罐38座，共275万立方米；成品油储罐39座，储存能力36.8万立方米，以及液体化工品储罐24座，储存能力6.64万立方米；总储存能力达到318.4万立方米。大连港杂货码头公司是以通用杂货、客运滚装为主的专业化公司，是大连港集团"六大中心"建设的重要组成部分。拥有遍布大连市区的大连湾、大港、香炉礁、黑嘴子四个作业区。港内外交通四通八达，具有货物集疏运的良好内外部环境，是中国北方地区重要的贸易口岸。大连港杂货码头公司有陆域面积4平方千米，资产总额7.43亿元，有生产泊位37个，其中5万吨以上泊位8个，煤炭专用泊位1个，滚装泊位3个。煤炭专用泊位为大连华能电厂输送发电用煤；杂货泊位可为客户提供钢材、原木、粮食、水泥、化肥等20余种散杂货的装卸运输服务。大连港杂货码头公司拥有面积195万平方米的仓库、堆场，可为货主提供内外贸货物长期存储、转运、加工和代购、代销服务。

（二）营口港：仙人岛

营口港口岸包括沿辽河的营口老港区、鲅鱼圈港区和仙人岛港区3个港区。营口港现有库房40万平方米，堆场830万平方米，储罐490万立方米，筒仓80万立方米；拥有占地65万平方米的营口港保税物流中心，有集装箱、汽车、煤炭、粮食、矿石、钢材、大件设备、成品油及液体化工品和原油等9大货种专用码头，其中矿石码头、原油码头分别为30万吨级，集装箱码头可以靠泊第5代集装箱船，总通过能力为15 749万吨。营口港码头岸线长度17 107米，现有泊位76个，其中鲅鱼圈港区55个，营口港区14个，仙人岛港区7个，万吨级以上泊位57个。仙人岛港区1 430万平方米，现有30万吨级航道，宽度350米，底标高22.5米，长度约27.85千米，主要以油品、化工品等液体散货和通用散、杂货运输为主。

（三）天津港：南疆

南疆港区位于船闸航道和天津港主航道以南，北至海河口，为东西长约16千米，南北宽1.3～2.0千米的条状人工岛布置，规划陆域面积约为24平方千米，由支持系统区、石化小区及渤海石油基地、大宗干散货码头作业区、大宗液体散货码头作业区、专业化物流服务区等主要功能区组成。南疆港区以承担煤炭、铁矿石、石油、液体化工等大宗散货中转运输为主，有临海工业及大宗散货物流服务和海洋石油基地、码头支持系统等专业化散货港区。

天津港散货物流中心是南疆港区的有机组成部分，该中心东临海防路，北靠大沽排污河，南靠津沽二线，面积约26.8平方千米；具有散货存储、加工、污染治理、交易、信息及生产和生活服务等功能，与码头生产作业区之间的煤炭货物运输以皮带机长廊输送为主。

（四）烟台港：西港区

西港区是烟台港规划建设发展的核心港区，地处烟台经济技术开发区东北海域。规划陆域面积60平方千米，其中港口作业区面积34平方千米，临港工业区面积26平方千米。港口规划布局液化油品、通用散货、大宗散货、原油和LNG五大作业区，预留集装箱作业区和铁路轮渡服务区，将建成5万～30万吨级泊位65个，最终实现港口吞吐能力2亿吨和1 500万标准箱。西港区已有3个5万吨级通用泊位，7个5万～10万吨级液化油品泊位，2个20万吨、40万吨级矿石卸船泊位，2个10万吨、15万吨级的矿石、煤炭装船泊位，1个30万吨级原油泊位建成投产；已建成仓储罐区为271万立方米；建设完成航道等级为30万吨级。

（五）厦门港：古雷

厦门港是我国沿海主要港口之一，已发展成为国家综合运输体系的重要枢纽、集装箱干线港、邮轮始发港和海峡两岸交流的重要口岸，是厦门国际航运中心和厦门港口型国家物流枢纽的主要载体。2021年，厦门港集装箱吞吐量完成1 204.64万标准箱，增长5.6%，自2017年赶超以来首次突破200万标准箱。完成货物吞吐量2.28亿吨，其中漳州片区增长38.8%；完成旅客吞吐量273.08万人次。

古雷港区由古雷半岛古雷作业区和六鳌半岛六鳌作业区组成，主要为临港产业服务，以原油、石化产品运输为主，兼顾散货、杂货和集装箱运输。目前已建成泊位20个（其中万吨级以上泊位8个），年设计通过能力为货物2 760.2万吨。

古雷作业区由南往北依次由油品化工码头南区、通用码头南区、综合服务码头区、多用途码头区、通用码头北区及油品化工码头北区等六部分组成，规划码头岸线总长约20千米，可建设0.2万～30万吨级生产性泊位80个，其中深水泊位49个，总通过能力达1.8亿吨，其中规划多用途泊位集装箱通过能力为120万标准箱以上，形成陆域面积420万平方米。

（六）茂名港：博贺

博贺新港区通过建设大型专业化深水码头，以承担煤炭、原油等大宗散货运输为主，兼顾散杂货运输，引导能源电力、装备制造等临港产业布局，全面发展物流、信息、综合服务等现代化服务功能，加速形成区域性的综合运输枢纽，逐步发展成为粤西地区重要的规模化、综合性港区。博贺新港区是一个兼备水运、公路、铁路、管道等多种运输方式，集多种服务功能为一体，由港口企业、物流企业和临港产业有机结合的服务整体，具备装卸储运、中转换装、运输组织、现代物流、临港工业、信息、综合服务等主要功能。

博贺新港区有码头生产性岸线14 860米及支持系统岸线约200米，形成港区陆域面积32.1平方千米。可建设各类生产性泊位52个，综合年通过能力可达2亿吨。预计2030年博贺新港区的货物吞吐量为14 230万吨。

五、主要液化天然气港口

（一）大连港

辽宁大连液化天然气接收站位于大连保税区大孤山新港，是中石油第2个液化天然气接收站项目，是辽宁省第1座液化天然气接收站，同时也是我国内地第5个液化天然气接收站。大连液化天然气接收站隶属于中石油大连液化天然气有限公司。大连液化天然气接收站占地面积为24公顷。该液化天然气项目配套3座16万立方米全容式液化天然气储罐，1座8万～26.7万立方米的液化天然气船专用码头，1座工作船码头。接收站配套码头包括火炬栈桥、海上排水管和1座独立墩式泊位，泊位长446米，呈蝶形，可停靠8万～26.7万立方米的液化天然气运输船。大连液化天然气接收站的供气范围基本覆盖了我国东北全域、部分华北地区、南部沿海地区和内河流域。

（二）唐山港

唐山液化天然气接收站位于河北省唐山市曹妃甸新港工业区，北距唐山市约80千米，东北距京唐港约61千米，西距天津新港约70千米。唐山港液化天然气接收站定位为京津冀地区的天然气调峰站。目前，唐山液化天然气接收站已与京津冀地区所有主干天然气管网实现了互联互通。唐山液化天然气接收站隶属于中石油京唐液化天然气有限公司。接收站配套4座16万立方米液化天然气储罐（总罐容64万立方米），以及15个液化天然气槽车装车撬。目前，接收站现有最大气化外输能力为4 200万立方米/天，液化天然气槽车装车能力为150车/天（约3 000吨液化天然气）。

（三）天津港

天津浮式液化天然气接收站位于天津港南疆港区东南部区域。天津浮式液化天然气项目是我国第一个浮式液化天然气项目，是我国试点清洁能源浮式技术重点项目、国家第一批首都大气污染防治重点保障项目。同时，该项目也是天津市重点工程和中海油的重点工程。天津浮式液化天然气接收站，隶属于中海油天津液化天然气有限责任公司。港口包括FSRU和液化天然气运输船码头各1座（15万吨级），码头长度均为400米。工作船兼大件码头1座（3 000吨级），码头长度为140米。

（四）青岛港

青岛液化天然气接收站是山东省第一座布局、落地的液化天然气接收站。同时，它也是目前山东省唯一一座液化天然气接收站。青岛液化天然气接收站位于山东省青岛市黄岛区西南董家口港。青岛液化天然气接收站，隶属于中国石化青岛液化天然气有限责任公司。青岛港液化天然气码头接卸能力为300万吨/年，配套4座16万立方米的液化天然气储罐。码头工程包括1座可停靠8

万～27万立方米液化天然气运输船的接卸码头以及1座工作码头。

（五）温州港

温州液化天然气接收站位于浙江省温州市洞头区小门岛，由省能源集团、中石化公司等单位投资建设，建设规模为年接收液化天然气能力300万吨，包括建设1座可靠泊3万～26.6万立方米液化天然气运输船的专用码头、4座20万立方米液化天然气储罐，具备4.8亿立方米液化天然气储气能力；远期设计年接收液化天然气能力1 000万吨，包括建设1座15万吨级液化天然气码头、5座20万立方米液化天然气储罐，建成后具备10.8亿立方米液化天然气储气能力，总供气能力可达140亿立方米/年。

（六）莆田港

福建莆田液化天然气接收站的液化天然气处理规模达500万吨/年。该液化天然气接收站是中国内地第一个完全由国内企业自主引进、建设、管理的大型液化天然气项目。包括接收站、码头和输气干线3个单项工程，位于福建省莆田市秀屿港区。该项目建设运营方为中海福建天然气有限责任公司，由中海石油气电集团有限责任公司和福建省投资开发集团有限责任公司共同出资组建。福建莆田液化天然气接收站的气源来自印尼东固液化天然气项目。

六、主要铁矿石港口

（一）大连港：大孤山

大孤山西港区位于大连湾东北侧，大孤山半岛西岸，码头岸线总长约1.2千米，主要以粮食和通用杂件进出口为主。

大孤山南港区位于大孤山半岛东南端，2004年9月26日30万吨级矿石码头建成投产，2006年9月28日其配套工程矿石转水码头投入使用，大大提升了矿石中转能力，使30万吨级矿石码头不仅具备矿石上岸功能同时具备矿石下海功能。

（二）营口港：鲅鱼圈

鲅鱼圈港是全国重要的综合性主枢纽港，是东北地区及内蒙古东部地区最近的出海港、东北地区最大的货物运输港、辽东湾经济区的核心港口。鲅鱼圈港区陆域面积20多平方千米，共有包括集装箱、滚装汽车、煤炭、粮食、矿石、大件设备、成品油及液体化工品和原油8个专用码头在内的61个生产泊位，最大泊位为20万吨级矿石码头和30万吨级原油码头，集装箱码头可停靠第五代集装箱船。

（三）福州港：可门

可门港区位于福建省连江县东北部，罗源湾南侧，背山面海，乃天然深水良港。港区东至古鼎屿，南至官坂镇、坑园镇南侧山脚，西至北营村，北边以大官坂围垦堤坝及可门港区为界，总面积为63平方千米。区内深水岸线资源丰富，港口水域条件好，可供开发建设的岸线长29千米，水深港阔，不冻不淤，风平浪静，可满足各类大型船舶和调头，是建设深水港的理想海湾港区。

（四）防城港：渔澫

北部湾港防城港渔澫港区具有48个生产性泊位，是年货物吞吐量突破1亿吨的大港，港区总面积近17平方千米，码头岸线长11.2千米，为国家重要的建材进出口基地、粮油加工基地、煤炭储备配送中心。

（五）宁德港：三都澳

三都澳是世界著名的天然良港，开港条件综合指数也堪称世界一流。首先，从区位条件看，三都澳地处中国南北海岸线中部，居福州港和北仑港两个开放大港之间，是中国南北海运和诸多国际航线的必经之路，与东南亚各国距离适中，与港澳较近，与台湾一水之隔。三沙湾714平方千米的水域里，10米以上的深水域达173平方千米，是浙江北仑港的26倍，荷兰鹿特丹港的8倍，在任何潮位上都可以随时航行和停泊30万吨巨轮；深水岸线80.8千米，是北仑港的5倍，可建万吨级至20万吨级泊位112个，是国内建设大型深水泊位最理想的港址；航道水深35～125米，可建5 000吨到30万吨的泊位，有3处可建50万吨级泊位，50万吨级巨轮可全天候进港，且口小腹大，避风条件好，符合世界航运船舶大型化、航道深水化的趋势。

（六）珠海港：高栏

高栏港口岸为国家一类对外开放口岸，拥有珠三角最大吨位的液体化工品码头泊位和建设30万吨级石化大码头的良好自然条件，主航道距国际航道（大西水道）–27米等深线仅11千米，并可通过粤西沿海高速公路、高栏港高速、广珠铁路等组成的港口集疏运体系与珠三角地区形成2小时经济圈。

（七）上海港：罗泾

该港区坐落于上海市宝山区罗泾地区——长江与黄浦江交会处，背依宝钢集团浦钢公司，与中国第三大岛崇明岛隔江相望，是上海国际港务（集团）股份有限公司（简称上港集团）内连接长三角腹地最近的港区之一，公路、水路、铁路、航空四通八达，码头周边河网密集，向东至黄浦江，向西沿"黄金水道"可达南京、武汉等长江各港口，西南经新川沙河——苏申内港线，联结京杭运河；距空港上海虹桥国际机场37千米，距上海浦东国际机场62千米；铁路运输由北郊车站连接全国各地。设计能力为年吞吐量860万吨。拥有6个3万～5万吨级海轮泊位，11个500吨至1万吨级中转泊位，泊位总长2 460米。码头前沿水深13.2米。港区陆域总面积为55.49万平方米，已建成的库场面积为18.65万平方米，其中堆场面积18.06万平方米，另有面积5 892平方米的仓库1座。

七、主要粮食港口

（一）日照港

作为国家粮食安全战略实施的重要沿海港口，日照港建成15万吨级粮食泊位，港口粮食仓储能力超过100万吨，正在加快建设粮食基地项目，筒仓周转率居我国沿海港口前列。其与国内、国际大型粮商建立长期稳定的业务合作关系，是区域内保障和实施国家粮食安全战略的重要港口。

（二）锦州港

锦州港是中国渤海西北部400千米海岸线唯一全面对外开放的国际商港，是辽宁省重点发展的北方区域性枢纽港口。锦州港位于渤海的西北部，是中国通向东北亚地区最便捷的进出海口。锦州港作为辽宁、吉林、黑龙江、内蒙古东部粮食南运的主要出海口，对于畅通国家"北粮南运"海上通道起着重要的枢纽作用，也由此被称为"北粮南运"第一港。近年来，该港又陆续开设广西、漳州、靖江等6条散粮班轮航线，目前散船及集装箱航线已覆盖南方沿江沿海主要港口。2021年锦州港实现集装箱吞吐量183万标准箱。

（三）营口港

营口港位于辽东湾北部辽河入海处。营口港共有生产泊位29个，万吨级以上深水泊位17个；生产性泊位码头岸线长度5 702.2米，货物年综合通过能力2 719万吨，其中集装箱通过能力73万标准箱。营口港区现有陆域面积约50万平方米。营口港粮食年吞吐量近2 900万吨。

（四）福州港

福州港位于中国东南沿海、台湾海峡西岸，地处福建省东部、闽江入海口，是中国沿海主要港口、中国对外开放一类口岸，也是福建省主要出海口之一。截至2018年底，福州港已建沿海码头泊位共121个，泊位总通过能力12 685万吨（集装箱251万标准箱），其中万吨级以上泊位47个，5万吨级以上泊位22个，10万吨级以上泊位17个。

（五）海口港

海口港位于海南省北部沿海的海口湾东南岸，濒临琼州海峡的南侧，是海南省最大的港口。港区有4个万吨级泊位，岸线长841米，最大水深为10.2米。装卸设备有各种岸吊、浮吊、门吊及拖船等，其中拖船的最大功率为900千瓦，浮吊的最大起重能力达80吨。港区拥有的库场面积为8.4万平方米，主要进口货物为煤炭、化肥、粮食、石油、建材和杂货等。2021年，海口港完成水路货物运输7 569万吨，货物周转量完成14 991 066万吨千米。海口港货物年吞吐量累计完成10 900.4万吨。

（六）广州港

广州港地处珠江入海口和珠三角地区中心地带，濒临南海，毗邻香港和澳门，东江、西江、北江在此汇流入海，现已开通国际集装箱班轮航线131条。广州港作为中国华南地区最大的综合性枢纽港和集装箱干线港口，为广州和腹地经济的发展做出了重要的贡献，是泛珠三角经济区域的出口通道和中国最重要的对外贸易口岸之一。

2021年，广州港货物吞吐量完成6.51亿吨，同比增长2.3%，外贸货物吞吐量完成1.60亿吨，同比增长10.8%。其中，煤炭及制品吞吐量完成7 894万吨，同比增长12.3%；矿建材料吞吐量完成7 694万吨，同比下降22.8%；钢铁吞吐量完成3 143万吨，同比下降17.7%；粮食吞吐量完成4 499万吨，同比增长30.2%。集装箱吞吐量完成2 447万标准箱。

作为华南粮食进出口的门户枢纽和重要物流节点，"十三五"规划期间，广州港加快粮食通过能力建设，配套粮食专用泊位和仓库资源，粮食类市场份额稳居华南地区第一位，粮食通过总量超过8 300万吨，年均增幅11.6%。2020年，广州港完成粮食作业量1 736.4万吨，同比增长30.1%，完成粮食年吞吐量2 686万吨，在全国港口中粮食吞吐量排名第一，是华南最大的粮食接卸仓储基地。2021年1月至4月，广州港集团粮食作业量730.2万吨，同比增长60%，其中外贸累计完成648.3万吨，同比增长130.8%。目前，广州港在珠江东岸已有新沙、新港两个码头，珠江西岸有南沙粮食码头，粤西地区有茂名广港码头，拥有4个散粮专业泊位、12个粮食通用泊位，仓容约180万吨。

八、主要商品汽车港口

（一）上海港：外高桥

外高桥港由高桥嘴和五号沟两个港组成。高桥嘴港俗称外高桥顺岸式码头，位于长江口南港航道南岸，下游与外高桥电厂相邻，上游距吴淞口约6千米，岸线长990米。

外高桥港是上海港在浦东新区新建的综合性码头，其主要功能为浦东新区开发和长三角经济发展服务，并将逐步发展成为以接纳第三、第四代国际集装箱为主体的内、外贸相结合的深水港区。外高桥港由上海外高桥保税区港务公司经营。

（二）南京港：龙潭

龙潭港位于江苏省南京市栖霞区龙潭街道长江岸边，是南京港的重要组成部分。龙潭港拥有长江规模最大的集装箱港区，是长江规模最大、现代化程度最高的专用集装箱港区，是南京地区国际集装箱进出口的唯一通道、国家级龙潭海港枢纽经济区、南京航运（空）与综合枢纽名城核心区。南京港龙潭港区河势稳定，深泓近岸，码头前沿常年水深12.5米，最大水深达14.5米，距上海港300千米。龙潭港区已建成的集装箱码头，岸线长910米，年吞吐能力52万标准箱，实际生产能力可达100万标准箱，在未来的建设规划中，集装箱能力年吞吐能力可达200万标准箱。

（三）东莞港：沙田

东莞港是国家一类口岸、广东省重要港口，拥有珠江口53千米可以成规模开发的深水岸线，主航道水深13.5米，5万吨级船舶可全天候通航。东莞港分为沙田港区、麻涌港区、沙角港区、长安港区和内河港区五大港区，目前重点开发西大坦集装箱作业区、立沙岛石化仓储作业区、新沙南散杂货作业区。2015年，东莞港全港货物吞吐量达1.3亿吨，完成集装箱吞吐量336.3万标准箱，集装箱排广东省第3位，全国沿海港口第11位，世界港口第43位。

九、国内港口经营企业

（一）各省港口集团

1. 上港集团

上海港位于中国大陆东海岸的中部、"黄金水道"长江与沿海运输通道构成的"T"字型水运网络的交会点，前通中国南、北沿海和世界各大洋，后贯长江流域、江浙皖内河及太湖水系。公路、铁路网纵横交错，集疏运渠道畅通，地理位置重要，自然条件优越，腹地经济发达。上港集团是2003年1月由原上海港务局改制后成立的大型专业化集团企业，是上海港公共码头的运营商。2005年6月，上港集团完成股份制改造，成立了股份有限公司，2006年10月26日在上交所上市，成为全国首家整体上市的港口股份制企业，目前是我国最大的港口类上市公司，也是全球最大的港口公司之一。

2021年，上港集团装箱吞吐量完成4 703.3万标准箱，同比增长8.1%，连续12年保持集装箱吞吐量世界首位。同时，年内多次刷新单月和单昼夜集装箱吞吐量历史纪录。公司母港货物吞吐量完成539亿吨，同比增长5.7%。其中，母港散杂货吞吐量完成8 238.8万吨，同比增长8.9%。公司归母净利润刷新历史纪录，实现146.82亿元，同比增长76.74%。随着公司可持续发展能力和服务水平的提升，依托长三角和长江流域及淮河经济腹地，辐射整个东北亚经济腹地的主枢纽港地位不断巩固提升，上海港外贸航线连通性全球第一，高密度、高质量航班密度集聚效应不断凸显，吸引了全球班轮公司纷纷将上海港作为其航线网络的核心枢纽，助力打造全球领先的上海国际航运中心。公司积极服务国家战略，上海港作为双循环战略链接桥头堡和"一带一路"倡议支点的作用持续凸显，公司通过管理、资本和技术输出，实施"南联北融西拓"，着力建立高效、便捷、经济、低碳的长江物流体系，更好地发挥融入长三角、服务长江经济带、辐射全国的"龙头"作用。公司正谱写高质量发展新篇章，按照"智慧港口、绿色港口、科技港口、效率港口"的发展方向，致力于建设世界一流航运枢纽，实现在科技、区域、业态三个方面的新突破，在继续做强做优港口主业的同时，积极稳健地开展相关多元化发展，构建可持续发展能力，努力把上海港建设好、管理好、发展好，为服务国家战略和上海"五个中心"建设发挥更加重要的作用。

2. 河北港口集团

河北港口集团有限公司（简称河北港口集团）主营业务主要布局在秦皇岛、唐山、沧州、邯郸等地，现有生产性泊位139个，年设计通过能力6.2亿吨，通航港口遍布全球84个国家和地区，是全球最大的煤炭下水港、铁矿石接卸港；拥有集装箱内外贸航线55条，内陆港64个，海铁联运线路23条，跨境班列线路8条，形成"立足京津冀、面向东北亚、联通全世界""陆海内外联动、东西双向互济"的国际物流网络新通道。

2021年，河北港口集团实现了利润总额、净利润等主要经济指标同比大幅度增长。全年实现利润总额14.55亿元，同比增长92.85%。净利润11.37亿元，同比增长189.49%；净资产收益率4.95%，同比增加3.13个百分点；营业收入224.56亿元，同比增长35.09%；资产总额达到746.95亿元；生产运营态势良好。集团加强与产业链上下游协同，提升装载通航效率，全年完成吞吐量3.79亿吨，同比增长0.7%，其中，秦皇岛港吞吐量为1.93亿吨，黄骅综合港区吞吐量为6 948万吨，曹妃甸港区吞吐量为4.8亿吨，较2020年同期增长4 300万吨，增幅3.64%。煤炭运输方面，强化内部生产组织，保障港口装卸效率，制定个性化营销措施和物流方案，服务质量显著提升，全年煤炭吞吐量完成2.29亿吨，同比增长4.26%。杂货运输方面，开拓了板坯、轻质纯碱等外贸新货源，启动了砂石料海铁联运业务，全年杂货及其他货品吞吐量完成2 378万吨，同比增长8.49%。集装箱运输方面，开通"青岛—秦皇岛"班轮航线、"秦皇岛—保定"海铁快线及华东内贸航线，新设立集装箱内陆港及场站，提高货源承揽和客户服务能力。全年集装箱吞吐量完成149.5万标准箱，同比增长11.18%。

3. 浙江海港集团

2015年8月，浙江省委、省政府作出全省港口一体化、协同化发展的重大决策，浙江省海港集团投资运营集团有限公司（简称浙江海港集团）组建成立，成为国内第一家集约化运营管理全省港口资产的省属国有企业，注册资本达500亿元。2016年11月，根据浙江省委、省政府的决策部署，浙江省海港集团与宁波—舟山港集团按"两块牌子、一套机构"运作，是全省海洋港口资源开发建设投融资的主平台。集团先后完成了省内沿海五港和义乌陆港及有关内河港口的全面整合，形成了以宁波—舟山港为主体，以浙东南沿海温州、台州两港和浙北环杭州湾嘉兴港等为两翼，联动发展义乌陆港和其他内河港口的"一体两翼多联"的港口发展新格局。全省港口一体化整合有力地促进了港口资源利用集约化、港口运营高效化、市场竞争有序化、港口服务现代化，形成了港口转型发展的新动能，浙江港口的综合实力、整体竞争力和对外影响力明显提升。

集团旗下拥有各类企业300多家，从业人员超3万人。经营板块主要包括港口运营、航运服务、金融、开发建设四大板块。2022年，集团完成货物吞吐量10.43亿吨，同比增长3.7%；完成集装箱吞吐量4 073万标准箱，同比增长7.3%。截至2022年底，集团资产总额达1 760亿元，净资产1 040亿元，主要经济指标均位居浙江省属国企前列。2021年，集团问鼎第四届中国质量奖，实现浙江企业、全国港口企业"零"的突破，并被国务院国资委列为"国有重点企业管理标杆创建行动标杆企业"。2022年，"宁波—舟山"连续两年跻身国际航运中心十强，集团在第六届世界浙商大会上获评"高质量发展领军企业"。2023年，集团入选国务院国资委"创建世界一流示范企业名单"，是浙江省唯一入选此名单的企业，也是国内港口行业唯一入选此名单的企业。

作为集团主要经营的港口之一，宁波—舟山港是我国重要的集装箱远洋干线港、国内最大的铁矿石中转基地和原油转运基地、国内重要的液体化工储运基地和华东地区重要的煤炭、粮食储运基地，是国家的主枢纽港之一。目前，宁波—舟山港已成为对接"一带一路"的重要枢纽、中国南方海铁联运业务量第一大港，航线总数达300条，辐射全球200多个国家和地区的600多个港口，拥有海铁联运班列23条，业务辐射江西、安徽、陕西等16个省区市。2022年，宁波—舟山港完成货物吞吐量12.6亿吨，同比增长3%，连续14年位居全球第一；完成集装箱吞吐量3 335万标准箱，同比增长7.3%，稳居全球第三。

4. 天津港集团

天津港（集团）有限公司（简称天津港集团）地处渤海湾西端，坐落于天津滨海新区，背靠国家新设立的雄安新区，辐射东北、华北、西北等内陆腹地，连接东北亚与中西亚，是京津冀的海上门户，是中蒙俄经济走廊东部起点、新亚欧大陆桥重要节点、21世纪海上丝绸之路战略支点。天津港是中国重要的现代化综合性港口，是世界人工深水大港，主要由北疆、东疆、南疆、大沽口、高沙岭、大港、北塘和海河港区8个区域组成，航道、码头等级达30万吨级，拥有集装箱、矿石、煤炭、焦炭、原油及制品、钢材、大型设备、滚装汽车、液化天然气、散粮、国际邮轮等各类泊位。天津港同世界上200多个国家和地区的800多个港口有贸易往来，每月航班550余班，联通世界各主要港口。在京津冀及"三北"地区设立百余家直营店加盟店，持续完善覆盖内陆腹地的物流网络体系。2021年，集团货物吞吐量完成4.58亿吨，同比增长5.4%；集装箱吞吐量完成2 026.3万标准箱，同比增长10.4%，近三年均增长率达到8.2%，增速预计位列世界十大港口首位，成为2021年全球第8个年集装箱吞吐量超2 000万标准箱的港口。港口生产运营方面，天津港深化拓展全球航线服务网络，集装箱航线达到133条，"一带一路"沿线港口吞吐量占60%以上。集团发起组建中国内贸集装箱港航服务联盟，推出"海上高速-FAST"品牌，打造"两港一航"精品航线升级版。加大津冀港口协同，加密环渤海内支线航线密度，持续增强内陆腹地辐射能力，开辟"津海晋门"绿色运输新通道，长春至天津海铁联运常态化运行，海铁联运完成100.1万标准箱，同比增长24.3%；跨境陆桥运输完成5.8万标准箱，同比增长23.4%，规模稳居沿海港口首位。在智慧港口建设方面，加快打造自动化集装箱码头2.0版，C段智能集装箱码头仅用21个月正式投产，全力打造智慧程度最高、建设周期最短、运营效果最优、综合投资最低、适用范围最广、绿色发展最佳的自动化集装箱码头。全球首个传统集装箱码头的全流程自动化升级改造实现全面运营，整体作业效率提升15%，单箱能耗下降20%。建成5G基站168座，实现大型装卸设备北斗亚米级精度定位。物流服务平台持续升级，关港集疏港智慧平台实现冷箱业务线上受理、全程监控，"船边直提""抵港直装"业务领跑全国港口，集装箱进口提货单电子化应用水平持续提高。在安全绿色港口建设方面，以"四铁"标准加强现场管控，开展无人机常态化飞行巡检，全面推进隐患排查专业化、智能化手段，现场管理水平实现大幅提升，本质安全基础不断夯实。发布全球首个智慧零碳码头，智慧绿色能源系统成功并网，100%使用自发绿电。44个泊位实现岸电覆盖，岸电使用率、船舶低硫油使用率、直排海污染源达标率均达到100%。以双碳行动为目标，加强顶层方案设计，谋划制定《天津港碳达峰碳中和行动方案》，为"十四五"规划期间开展零碳港口建设提供行动指南。

5. 辽港集团

辽宁港口集团有限公司（简称辽港集团）背倚东北三省和蒙东经济腹地，港口分布在大连、营口、丹东、盘锦、绥中5个区域，现有大窑湾、鲸鱼圈、大连湾、长兴岛、仙人岛、大东、盘锦、旅顺、绥中等9个主要港区，拥有原油、矿石、集装箱、粮食、煤炭、汽车、滚装等现代化专业生产泊位217个，已开通集装箱航线170条，其中外贸航线91条，与全球160多个国家和地区的300多个港口建立了海上经贸航运往来。

2021年，辽港集团秉持"建设世界一流强港"战略愿景，凝心聚力、迎难而上，高质量推进改革创新发展各项工作。2021年，辽港集团完成货物吞吐量

4.95亿吨，集装箱吞吐量945万标准箱。

6. 山东省港口集团

山东省港口集团有限公司是山东省人民政府批准成立的省属国有骨干企业，成立于2019年8月6日，总部位于山东青岛，拥有青岛港集团、日照港集团、烟台港集团、渤海湾港口集团四大港口集团，三家上市公司，金控、港湾建设、产城融合、物流、航运、邮轮文旅、装备、贸易、科技、海外发展、职教、医养等12个板块集团。目前，形成了"以青岛港为龙头日照港、烟台港为两翼，渤海湾港为延展，各板块集团为支撑，众多内陆港为依托"的一体化协同发展格局，共有21个主要港区、330余个生产性泊位、310余条集装箱航线。2021年，山东港口完成货物吞吐量15.07亿吨，同比增长6.1%。其中，完成集装箱量3 408万标准箱，同比增长8.3%；完成旅客运量189.6万人次；完成煤炭及制品1.01亿吨；完成石油天然气及制品2.62亿吨；完成金属矿石4.99亿吨；完成粮食2 995万吨。

海上增航线、扩舱容、拓中转。山东港口织密集装箱航线网络，构筑内外贸互补、近远洋兼备的海上航线网络。航线总数达到310余条，航线数量和密度持续稳居我国北方港口首位；大力发展海铁联运，持续优化内陆港网络布局，将港口向内陆延伸。2021年，山东港口新增内陆港8个、海铁联运班列6条，总数达到26个内陆港、76条班列，海铁联运箱量同比增长超过20%，连续多年保持全国第一大海铁联运港地位。2021年，山东港口新增码头年设计通过能力1 900万吨、储油能力320万立方米、管道输送能力2 650万吨，港口设施保障能力进一步提升。全力落实"交通强国智慧港口建设试点"任务，自动化码头首创6项世界领先成果、作业效率7次刷新世界纪录，建成全球首个智能空轨集疏运系统，落地全球首个顺岸开放式全自动化码头，烟台港发布了"全系统、全流程、全自动"干散货专业化码头控制技术，渤海湾港落地全球首台自动化门机。率先发布绿色低碳港口建设"十四五"规划，加快推进"碳达峰、碳中和"港口建设，清洁用能占比达到53%，万吨吞吐量能源单耗同比降低14.7%。

7. 广州港集团有限公司

广州港股份有限公司（简称广州港股份）是广州港集团核心业务港口运营与投资建设的经营主体，集团控股75.72%，于2017年3月29日在国内A股上市。

广州港股份是全国四大汽车进出口业务枢纽港之一，是华南最大的能源、粮食和散杂货枢纽港，是中国最大内贸集装箱枢纽港，在上海、湖南、云南、贵州、广西、江西、安徽等地建设有多个内陆港或办事处，在欧洲、美国、新加坡、越南、柬埔寨等国家和地区设立多个境外办事处。沿珠江两岸至出海口依次分布内港、黄埔、新沙、南沙四大港区；华南首个自动化集装箱码头——南沙四期工程已进入联合调试阶段；新建南沙国际物流园总仓容超70万吨，南沙国际物流园（南区）是全国最大的单体冷库，以广州港集团为运营主体的"广州港口型国家物流枢纽"项目成功入选第一批国家物流枢纽建设名单，广州港股份有限公司被评为全国AAAAA级综合服务型物流企业；南沙港铁路建成通车，海铁联运通道覆盖湾区、辐射内陆、联通全球。广州港集团在珠三角投资运营中山港、佛山高明港，在粤东、粤西投资建设潮州亚太码头、茂名广港码头，沿珠江-西江流域布点，投资建设韶关港、揭阳港、佛山港、云浮港，现已形成以广州港为核心，粤东、粤西港口为两翼，珠江-西江内河港口为支撑的"一核两翼多支撑"港口群联动协同发展新格局，构建起面向世界、对接港澳、联动西江、服务泛珠的港口网络服务体系。

2021年，广州港集团有限公司完成货物吞吐量5.51亿吨、集装箱吞吐量2 303万标准箱，营业收入135.3亿元、利润总额26.1亿元，圆满完成全年指标任务，港口枢纽能级稳步提升，供应链运转日趋顺畅，"一核多元"产业体系稳步发展，经营发展质量进一步提升。2021年末，广州港集团拥有内港、黄埔、新沙和南沙4个港区，出海航道长115千米，生产性泊位197个，泊位总长度25.5千米，其中万吨级以上泊位68个；浮筒泊位16个（其中万吨级浮筒泊位15个），另有生产性锚地30个，其中最大锚泊能力30万吨。年货物设计通过能力3.7亿吨。各类生产装卸机械2 360台，机车9台，总资产规模332亿元。

8. 江苏省港口集团有限公司

江苏省港口集团有限公司是经江苏省委、省政府批准成立的省属大型国有企业，由江苏省和连云港、南京、苏州、南通、镇江、常州、泰州、扬州8市地方国有涉港资产共同出资，并整合省属3家航运企业组建而成，于2017年5月挂牌成立，公司认缴注册资本283.21亿元。现有全资、控股（实际控股）二级企业10家，全级次全资及控股企业122家。集团是江苏省沿江沿海主要港口、省级航运企业和临港产业等领域的国有资本投资运营主体，航线通达全球，岸线资源优越，腹地产业集群丰富、经济社会发达。集团经营范围涵盖港口运营管理，港口基础设施建设，远洋、沿海、长江及内河航运，陆上货物运输，仓储物流，大宗商品交易，港口和航运配套服务，沿江沿海岸线及陆域资源收储和开发利用，港口产业投资，涉江涉海涉港资产管理，股权和基金的投资、管理和运营。自成立以来，集团积极响应"一带一路"倡议、长江经济带发展、长三角一体化发展等国家战略，坚决落实江苏省委、省政府一系列重大部署要求，以打造全省港口投资、建设、管理、运营的一体化平台和实施主体为目标，以"区域一体化+专业化经营"为抓手，大力推进生产经营体系改革，先后成立了长江集装箱事业部、大宗散货事业部和航运事业部，以及专业化的集装箱公司、物流公司、航运公司、水上综合服务公司和信息化公司，并正在加快构建港航协同高效的现代物流服务体系及"大通道、大枢纽、大网络"的高效运输体系，各业务品牌不断强化，生产经营架构不断完善，区域间码头、岸线等资源要素的统筹利用质效不断攀升，有力推动和保障了地方经济、社会的持续健康发展。截至2021年底，集团总资产503.74亿元，现有南京、苏州、镇江、扬州、常州、泰州等沿江港口码头泊位224个，万吨及以上泊位102个，综合通过能力2.2亿吨，集装箱通过能力823万标准箱。2021年，集团上下以新发展理念统领各项工作，坚决贯彻落实"32字工作方针"，集团一体化的经营管理体制落地成型，呈现出高质量的良好发展态势。全年实现营业收入182亿元，同比增长33%；利润突破10亿元，同比增长77%，创历史新高。完成货物吞吐量4.87亿吨、集装箱吞吐量796万标准箱，分别同比增长11%、17%，高于全国沿江沿海平均水平；完成装卸自然吨3.1亿吨，同比增长9%。

9. 海南港航控股有限公司

海南港航控股有限公司（简称海南港航）是海南省委、省政府在海口港集团、海南省海运总公司、海南马村港港务公司基础上，于2005年1月重组设立的国有企业。2019年11月，该公司正式纳入中国远洋海运集团有限公司（简称远洋海运集团）管理体系，参照集团直属二级企业管理，是海南省最大的国有港航企业。主营业务以码头（集装箱、散件杂货）装卸业务、客滚运输、临港物流、航运、港航服务为主。

航运板块：2021年，海南港航以实现琼州海峡一体化建设为目标，统筹推进资源整合与生产经营，其中海安航线车运量同比增长22.45%，客运量同比增长18.18%；通过拓展免税提货中心业务、船舶二次消费业务，全年非主营业务同比快速增长。通过"全预约"过海模式，实现过磅速度提升15%；借用信息手段构建"一站式"服务凭条，实现货车司机不下车即可办理全程过海业务、旅客闸口无感知验票，大幅提高通关效率和客户过海便捷性。集装箱和件杂货板块：2021年，海南港航加快港口升级改造，开发新航线、新货源。集装箱聚焦港口扩能建设和箱量开发，小铲滩起步工程改造项目全面投产，年作业能力提升至160万标准箱，全年完成318.80万标准箱，其中洋浦港成功突破百万标准箱。件杂货全年稳步推进新货源开发，经济效益明显改善。全港共完成货物吞吐量10 592.26万吨。物流板块：2021年，海南港航加快推进由传统港口物流向第三方现代物流模式转变，新园区物流载体已逐步成型，全岛首个高密度全自动智慧库开仓运作，洋浦国际智慧供应链中心启动建设，新消费物流依托自贸港政策开启免税产品线上全域营销。港口建设：为完善港口基础设施，助力海南自贸港建设，海南港航加快推进新海客运枢纽及GTC、洋浦国际集装箱码头起步工程扩能建设等重点项目。洋浦国际集装箱码头能力提升项目已于2021年8月全部投产；新海客运枢纽建设已于2023年底建成投产。

10. 福建省港口集团有限责任公司

福建省港口集团有限责任公司（简称福建港口集团）于2020年8月正式成立，是福建省委、省政府贯彻落实习近平总书记关于建设世界一流港口等系列重要指示精神作出的重大改革措施。集团以港口、航运及物流为主业，并经营道路公共交通、旅游客运及投资与金融服务等其他多元业务，主要布局三大主营业务板块：港口、水陆客货运和物流供应链，同时开展医药供应链、工程建设、金融服务、信息服务等业务模块。旗下有厦门国际港务股份有限公司、厦门港务发展股份有限公司两家上市企业，及福建省交运集团财务有限公司。

集团在福建省沿海各大湾区核心港区形成了大型集装箱、干散货和液体散货港区的完整布局，形成厦门、宁德、福州、莆田（罗屿）、泉州、漳州等六大港口区域公司，已投产生产性码头泊位155个，最大可靠泊20万吨级集装箱船舶、40万吨级干散货船舶，在建最大原油泊位30万吨，码头总延长近3万米。2020年，集团员工近4万人，总资产861亿元，港口货物吞吐量3.3亿吨，集装箱吞吐量1 300万标准箱。

11. 广西北部湾国际港务集团有限公司

广西北部湾国际港务集团有限公司成立于2007年2月14日，是广西政府直属的国有独资企业，公司由广西沿海三港重组整合设立而成，现由广西国有资产监督管理委员会直接监管。集团公司主营港口建设经营管理、铁路运输、道路运输等，注册资本20亿元人民币，现有资产超55亿元人民币。2021年，北部湾港标准箱货物吞吐量达到2.69亿吨，同比增长12.5%；集装箱吞吐量601万标准箱，同比增长19%，货物吞吐量和集装箱吞吐量首次进入双前十，分别位居全国沿海港口第9位、第8位，较2020年均提升2位，增速在全国前十的沿海港口中继续保持领先地位。2021年，北港股份拥有及管理沿海生产性泊位77个，万吨级以上泊位70个，10万吨级以上泊位28个，15万吨级以上泊位14个，20万吨级以上泊位4个，30万吨级1个；到港设备共78台（套），其中岸边设备29台，后场设备49台，港口实际通过能力提升至3.09亿吨，其中集装箱吞吐能力提升至690万标准箱。

钦州30万吨级油码头实现投产运营，成为目前广西靠泊等级最高的泊位；钦州港东航道扩建一、二期调整工程竣工，北部湾港迈入20万吨级箱集装箱大船时代；防城港401号泊位、513～516号泊位顺利投产，大型化、专业化泊位占比进一步提升，港口核心竞争力进一步增强。防城港粮改三期、四期工程建成投产，防城港粮食总仓容增长256%。

智慧港口建设打开新局面。一是北部湾港自动化建设全面开花。钦州港大榄坪7、8号泊位自动化集装箱码头建设取得阶段性进展，码头及堆场改造通过交工验收，建成国内规模最大数字化散货堆场——防城港中心堆场，散货装卸工艺迈入全国前列。二是企业数字化转型进一步加快。全面上线集装箱智能理货系统，理货准确率达到100%；完善"北港网"车辆预约、舱单申报等功能，集装箱设备交接单（EIR）系统正式上线运行并完成系统验收，获评2021年度广西交通运输创新典型案例；建成北部湾港电子数据交换平台（EDI），统一数据交换途径及标准，提升数据共享效率；建成防城港、钦州、北海智能闸口，提升车辆进出港效率。三是科技创新成果丰硕。北部湾港自动化集装箱码头项目获评交通运输部"新型基础设施建设智慧港口重点工程"；"散货智能理货系统"荣获2021年度中国港口协会科技进步奖三等奖。四是企业管理水平实现新提升。北港股份被中国物流与采购联合会评为5A级物流企业，达到国内物流企业最高标准；获评"2020年度广西物流企业50强"，这反映出社会对北部湾港综合实力、价值创造能力的高度认同。

（二）港口运营企业

1. 中远海运港口有限公司

中远海运港口有限公司是中国的一家大型港口运营企业。该公司成立于1992年，总部位于中国深圳。

中远海运港口有限公司是中国远洋运输（集团）总公司的全资子公司，也是中国最大的港口投资和运营商之一。公司在中国国内外经营着多个港口项目，包括中国内地的沿海港口、香港、台湾及其他国家的港口。

中远海运港口有限公司的主要业务包括港口基础设施的投资、建设和管理，港口综合物流服务及与港口相关的金融业务。公司致力于提供高效、安全、可持续发展的港口服务，促进国内外贸易和物流的发展。

该公司在全球范围内与许多国际港口和物流公司建立了合作伙伴关系，并积极参与国际港口运营和投资。其码头组合遍布中国沿海五大港口群及长江中下游、欧洲、地中海、中东、东南亚、南美洲及非洲等。截至2023年3月31日，中远海运港口在全球37个港口运营及管理367个泊位，其中220个为集装箱泊位，现年处理能力达约1.22亿标准箱。

2. 招商局港口控股有限公司

招商局港口控股有限公司（简称招商局港口）于1992年在香港上市，是招商局集团的重要子公司，现为世界领先的港口开发、投资和营运商，在中国沿海主要枢纽港建立了较为完善的港口网络群，主控或参资的码头遍及香港、台湾、深圳、宁波、上海、青岛、天津、大连、漳州、湛江、汕头等集装箱枢纽港，并成功布局南亚、非洲、美洲、大洋洲、欧洲及地中海等地区。招商局港口自2008年起布局海外港口并于近年来不断加快国际化步伐，业务量在全球港口运营商中处于第一方阵。截至2022年12月31日，该公司共投资参资25个国家或地区的42个港口。2022年，其集装箱码头吞吐量达13 653万标准箱，散杂货吞吐量5.47亿吨。

第二节　国际港口

一、总体发展情况

2023 年，全球经济增长 3.1%，较上一年放缓 0.4 个百分点。其中，发达经济体增速 1.6%，新兴市场和发展中经济体增速 4.1%，欧元区受高通胀与能源危机影响，制造业一度停摆，增速仅 0.5%，成为经济增长的最大拖累。全球制造业在 2023 年表现疲软，市场需求回落、融资成本高、能源紧缺和供应链中断风险加剧。当年制造业采购经理人指数（PMI）均值为48.5 点，处于收缩区间，较 2022 年均值下降 3.3 个百分点。国际贸易方面，疫情后制造业和物流通道恢复，大宗商品价格回落，贸易金额增长趋向 "低速"。同时，各国产业复兴需求及地缘政治紧张，贸易保护主义抬头。国际货币基金组织（IMF）统计显示，2023 年各国实施约 3 000 项贸易限制措施，远超 2019 年的 1 100 项，多为非关税措施。不同国际组织预估，2023 年全球贸易额增速仅0.4%～0.8%，办公和通信设备、纺织品及服装行业贸易下滑，公路车辆和运输设备行业增长。贸易量的低速增长、行业贸易的不同走向，直接关系到港口货物吞吐量，贸易保护主义带来的贸易阻碍，也可能改变港口的业务结构和运营模式。

（一）亚洲港口发展现状分析

2023 年，新兴市场国家之间的内部商贸往来逐步恢复。在 "一带一路"倡议与 RCEP 贸易协定的激励下，中国、日韩与东南亚各国之间的贸易稳步增长，带动了亚洲地区港口货运需求的提升，港口吞吐量表现趋好。中国凭借自身制造业的发展及消费者支出的扩大，大宗商品需求增加；同时，中俄贸易突飞猛进，对俄罗斯的出口增长了 28.4%，有效支撑了货物吞吐量。

（二）欧洲港口发展现状分析

2023 年，国际地缘政治动荡，通胀上升致使经济增长低迷，欧洲各国面临需求减弱、工业前景不佳的状况。能源、原材料和劳动力成本居高不下，再加上区内各国需求低迷，欧洲工业制成品出口面临压力。从各港口情况来看，大部分欧洲港口的吞吐量均处于下跌区间。消费者支出从产品转向服务，往返俄罗斯的货运量终止，从亚洲的进口下降，鹿特丹港口吞吐量连续第二年下降。安特卫普 —布鲁日港吞吐量同样下降了 18.8%，其中，由于欧洲制造业疲软，作为传统普通货物中最大产品类别的钢铁贸易下降了 16.9%。相比之下，地缘政治与贸易制裁对东欧港口生产也产生了持续影响，里加与塔林两港的货运量同比大幅下降超过 20%。

（三）澳洲港口发展现状分析

澳洲港口吞吐量总体表现欠佳。虽然黑德兰、墨尔本等主要港口均维持增长态势，但因罢工，港口货物周转时间大幅延迟。纽卡斯尔、海波因特、韦帕等港口出现负增长，其中纽卡斯尔港货量跌幅高达 27%。此外，澳大利亚主要小麦种植地区发生洪涝灾害，对农产品出口造成了影响。

（四）美洲港口发展现状分析

北美港口受上年高基数影响，货物吞吐量大幅下跌。美国主要港口如洛杉矶和长滩港，吞吐量跌幅超过10%。年初，港口库存积压限制了进口货物增长，再加上工人罢工、码头拥堵扰乱了港口营运。进入下半年，美国消费稳步增长，尤其是年末传统旺季到来，货运量显著反弹。此外，港口基础设施改造也为港口吞吐量增长提供了支持。例如，南路易斯安那港对港口设施进行现代化升级，装卸效率大幅提升，谷物和石油的通过能力显著增加。在"友岸外包"政策下，加拿大成为美国进口商品的最大来源国，港口吞吐量稳定增长，其中温哥华港因粮食高产，出口量大幅上升，货物吞吐量同比增长6.3%。2023年，南美经济活动继续呈现低增长态势。经历疫情与全球粮食危机后，南美洲货物出口量在 2023 年进入平稳低速增长阶段。其中，巴西受益于就业市场的回暖和新福利计划对消费的积极影响，以及大豆和铁矿石等大宗商品出口的蓬勃发展，港口吞吐量在 2023 年保持韧性。同时，受农产业提振，农产品交易量创纪录，出口量大幅增长。虽然四季度农产品需求有所放缓，但采矿和石油等部门扩张速度加快，抵消了农业产出的减速。

二、国际主要集装箱港口

结合近年来国际集装箱港口吞吐量的排名情况，选取新加坡的新加坡港，韩国的釜山港，马来西亚的丹戎帕拉帕斯港，阿联酋的杰贝阿里港，荷兰的鹿特丹港，比利时的安特卫普港，德国的汉堡港，美国的洛杉矶港，西班牙的瓦伦西亚港和阿尔赫西拉斯港。这些港口在全球贸易中扮演着重要的角色，处理着大量的货物和集装箱。它们的集装箱吞吐量是衡量港口运营效率和重要性的重要指标之一。

（一）新加坡港

新加坡是一个世界知名的国际航运中心和港口，其港口是全球最繁忙、最重要的之一。新加坡港位于新加坡南部，是一个自然深水港，拥有优越的地理位置和先进的设施。该港口是亚洲最大的集装箱港口之一，也是全球最繁忙的港口之一。许多国际货运航线都在新加坡港口停靠，这使得该港口成为世界上最重要的贸易和物流枢纽之一。

新加坡港口的主要设施包括世界上最大的装卸桥之一、世界上最大的集装箱码头之一、现代化的货运综合体、高效的自动化系统、先进的货物处理和存储设施、以及高科技的安全和监控系统。这些设施使得新加坡港口能够处理各种类型和规模的船只，包括大型集装箱船、液化气船、化学品船、油轮和干散货船。

新加坡港口还有一个重要的特点是其良好的服务质量和高效的作业流程。该港口致力于不断提高其服务水平和作业效率，通过创新和技术升级来提高运输效率和减少成本，同时也保证货物的安全和保障船舶运营的可靠性。

根据2023年公布的数据，新加坡港口在2021年的集装箱吞吐量达到了3 901万标准箱。新加坡港口一直是世界最繁忙的港口之一，其地理位置优越、高效的港口管理和强大的后勤能力使其成为全球贸易的中心之一。

（二）釜山港

釜山港是韩国最大的港口之一，位于韩国南部的釜山市，是一个重要的国际贸易和航运中心。釜山港的货物吞吐量一直排名世界前十名，其重要性不仅在于它是韩国的主要进出口港口，而且还是东北亚地区的重要货运中心之一。

釜山港的主要货物包括集装箱、石油和液化天然气、散装货物、钢材、汽车等。釜山港的航线连接了世界各地的主要港口，包括中国、日本、东南亚、美国和欧洲。釜山港还有一个大型的邮轮客运码头，每年吸引着数以万计的游客前来游览。

釜山港的发展给韩国经济带来了巨大的贡献。作为韩国主要的贸易港口之一，它为韩国的进出口贸易和国际物流提供了重要的基础设施。同时，釜山港也带动了周边地区的经济发展，成为了当地居民生活的重要支撑。

根据2023年的数据，釜山港的集装箱吞吐量约为2 315万标准箱，位列世界港口集装箱吞吐量排名第7位。釜山港的集装箱吞吐量一直保持在世界前十名，并且是亚洲地区最大的港口之一。釜山港的高效运营和优越的地理位置是其集装箱吞吐量一直保持在高位的重要原因之一。

（三）丹戎帕拉帕斯港

丹戎帕拉帕斯港位于马来西亚柔佛州，处于马六甲海峡的南端，是连接太平洋和印度洋的关键节点，得天独厚的地理位置使其成为国际航运的重要枢纽。该港口拥有先进的设施和庞大的规模，码头岸线绵延数千米，配备了众多现代化的集装箱装卸设备，可同时停靠多艘大型集装箱货轮，港口可直达全球各大洲的主要港口，年集装箱吞吐量持续攀升，在东南亚地区名列前茅。此外，港口还积极拓展增值服务，如货物仓储、转运、加工等，为客户提供一站式的物流解决方案。同时，当地政府给予的政策支持，也进一步助力港口不断发展壮大，在全球物流供应链中发挥着愈发重要的作用。根据2023年的数据，丹戎帕拉帕斯港口的集装箱吞吐量约为1048万个标准箱左右。

（四）阿联酋迪拜港

阿联酋迪拜港是位于阿联酋迪拜的一个人工建造的深水港口，是中东地区最大的港口之一，也是世界上最繁忙的港口之一。该港口于1979年开港，是迪拜的一个主要经济支柱，为阿联酋乃至整个中东地区的贸易和经济发展做出了重要贡献。该港口面积达到了134平方千米，设有8个码头，拥有超过90个泊位，能够处理各种货物，包括集装箱、散货、液体和干散货等。根据2023年的数据，迪拜港的集装箱吞吐量约为1 447万标准箱。

（五）鹿特丹港

鹿特丹港是欧洲第一大港，全球最重要的物流中心之一。鹿特丹港位于莱茵河与马斯河交汇处，是通往欧洲的天然门户。鹿特丹港区面积为10 556公顷，其中工业用地面积为5 257公顷，基础设施和水域面积5 299公顷。港口长度40千米，码头长度89千米，总泊位656个，航道最大水深22米，是500多条航线的船籍港或停靠港，通往全球1 000多个港口，货运量占荷兰全国的78%。鹿特丹港既是欧洲最大的原油、石油产品、谷物等散装货转运地，同时又是世界第六大集装箱转运港口，并拥有世界上最先进的ECT集装箱码头。根据2023年的数据，鹿特丹港的集装箱吞吐量为1 345万标准箱左右。

（六）安特卫普港

安特卫普港是位于比利时安特卫普市的一个港口，是欧洲最大的港口之一。它位于斯海尔德河下游，与鹿特丹港一起被认为是欧洲最繁忙的港口之一。安特卫普港的货物吞吐量包括石油和石油制品、化学品、钢铁、木材和干散货等各种货物。港口还拥有集装箱码头和液体天然气码头，是全球最大的液化天然气进口港之一。

根据2023年安特卫普港的官方数据，安特卫普港是欧洲最大的集装箱港口之一，年集装箱吞吐量达到1251万标准箱。该港口还是全球最繁忙的港口之一，是世界贸易的重要中转站，为欧洲内陆国家和海外贸易提供了重要的贸易通道。

（七）汉堡港

德国汉堡港是位于德国汉堡的港口，也是德国最大的港口和欧洲最繁忙的港口之一。汉堡港的历史可以追溯到12世纪，如今已经成为全球著名的贸易、物流和旅游中心之一。

汉堡港的主要业务包括集装箱运输、散装货物、石油和化学品等。它也是全球最大的集装箱港口之一，每年处理数百万个集装箱。此外，汉堡港还是欧洲最重要的航运中心之一，每年有数千艘船只在这里停靠。

根据2023年德国联邦统计局的数据，汉堡港的集装箱吞吐量为770万标准箱。这使得汉堡港成为欧洲最大的集装箱港口之一。

（八）洛杉矶港

洛杉矶港是位于美国加利福尼亚州洛杉矶市的一个海港，是全球最繁忙的港口之一，也是美国最繁忙的港口之一。它位于加利福尼亚州南部，面向太平洋，包括了洛杉矶和长滩两个港口。洛杉矶港是一个重要的国际贸易中心，每年处理数百万标准箱的货物，包括电子产品、服装、汽车、石油和食品等。该港口也是一个重要的就业机会提供者，为当地和全国各地的数万名工人提供了工作机会。

根据2023年数据，洛杉矶港口是全美最繁忙的港口之一，达到863万个标准箱。

（九）瓦伦西亚港

瓦伦西亚港是西班牙瓦伦西亚市的主要港口，是地中海地区最大的港口之一。它位于瓦伦西亚市的东部，是一个多功能港口，可用于集装箱、散装货物和石油产品的装卸。该港口也是一些游轮公司的中转站，吸引着大量的游客前来观光和旅游。

瓦伦西亚港口的历史可以追溯到公元前138年，当时罗马人在这里建立了一个小型港口。在中世纪，这个港口成为了地中海地区最重要的商业和贸易中心之一。如今，瓦伦西亚港口是欧洲最繁忙的港口之一，每年处理大量的货物和旅客。瓦伦西亚港口2023年集装箱吞吐量为474万标准箱。

（十）阿尔赫西拉斯港

阿尔赫西拉斯港口位于西班牙南部的加的斯海峡沿岸，是西班牙最繁忙的港口之一，也是地中海地区最大的集装箱港之一。阿尔赫西拉斯港口不仅是西班牙的重要贸易枢纽，也是欧洲与非洲之间的重要海上门户，每年有大量的货物和旅客通过该港口来往于欧洲和非洲之间。此外，该港口也是游轮旅游的一个热门目的地，吸引着许多游客前来游览。根据2023年的数据，阿尔赫西拉斯港口2023年集装箱吞吐量为473万标准箱。

三、主要煤炭港口

（一）纽卡斯尔港

纽卡斯尔港位于澳大利亚的东海岸，是澳大利亚历史最悠久的港口，货物出口的记载可追溯至1799年；这个港口还是澳大利亚的第二大港，承担着澳大利亚40%的煤炭出口。2023年，纽卡斯尔港实现吞吐量1.53亿吨，是全球范围内最大的煤炭出口港之一。

（二）海波因特港

海波因特港口位于澳大利亚东部昆士兰州达尔雷姆普湾内，是澳大利亚第二大煤炭输出港，也是世界二十大散货港之一，码头最大可停靠总载重量20万吨的大型船舶。

（三）格拉德斯通港

格拉德斯通港又译为格拉德斯顿，是昆士兰最大的多商品港口和澳大利亚第五大的多商品港口，是世界第四大煤炭出口码头，由格拉德斯通港口公司拥有和管理。格拉德斯通港主要出口包括煤、氧化铝、铝、水泥制品和液氨等。煤炭占港口出口总额的70%，每年有5 000万吨煤通过港口；主要进口包括铝土矿和石油产品及集装箱中的普通货物。

（四）马辰港

马辰港位于印度尼西亚加里曼丹岛南部，爪哇海沿岸，坐落在巴里托河下游，处于北纬03°20.30′，东经114°34.80′的位置，距离河口约20海里。该港口地理位置优越，是连接印尼内陆与国际市场的重要门户，更是南加里曼丹省的关键出海通道。

从港口设施来看，马辰港拥有多个码头区。老码头区位于马塔普拉河，木质码头长达 383 米，配备 5 座中转仓库，每座面积达 1 000 平方米，主要处理一些传统货物。TRISAKIT 码头则专供外国货轮停泊，码头长 200 米，前沿水深 8～10 米，拥有 6 000 平方米的中转仓库，能够停靠较大型的货轮，承担着重要的外贸货物装卸任务。此外，油轮栈桥位于巴里托河，为石油等液体货物的装卸提供便利。

在业务方面，马辰港的货物种类丰富多样。它是印尼重要的煤炭出口港，2022 年与塔博尼奥锚地共同成为当年的煤炭出口冠军，出口量达 7 810 万吨，2023 年更是装载了 9 480 万吨煤炭。除煤炭外，还出口大量的橡胶、胡椒、木材、藤条、绳索纤维、油脂、金、金刚石、铁等物资。

（五）丹戎巴拉港

丹戎巴拉港是印度尼西亚最繁忙的港口之一，也是东南亚地区最大的天然深水港之一。丹戎巴拉港对于印度尼西亚和周边国家的经济都有着重要的影响力。该港口也是印度尼西亚对外贸易的主要门户之一，主要出口煤炭、石油、天然气等资源产品，同时也进口各种消费品。该港口拥有 12 个泊位，其中 7 个是大型集装箱泊位，可以同时处理超过 5 000 艘船只。长达 12 千米的码头，配备现代化的起重机和堆垛机。面积达 2 000 公顷的码头后方拥有大型集装箱堆场，以及用于处理其他类型货物的仓库和设施。

四、主要原油及成品油港口

（一）拉斯坦努拉港

该港位于沙特阿拉伯东海岸的塔努拉角及外海，东距霍尔木兹海峡航路连接点 366 海里，距科伦坡港 2 150 海里；后方有输油管道油田，公路通达宰赫兰附近的机场，或利用巴林国际机场。西南有世界上最大的加瓦尔大油田。离岸油码头在北突堤东北约 2 千米的海域，由 4 个人工岛组成，每个岛上有 2 个泊位，水深均达 26.6 米，能停靠 35 万吨级油轮。各岛都有海底输油管道沟通陆上油库，全港 18 个泊，位年输出能力 2 亿吨以上，是沙特最重要的原油输出港。

（二）达曼港

达曼港是沙特阿拉伯东部省份达曼市的主要港口，也是沙特阿拉伯最大的港口之一。港口拥有两个泊位，可以同时处理多达18艘船只，配备现代化的码头设施，包括起重机、堆垛机和其他装卸设备。港口还有一个大型集装箱堆场，可以处理多种类型的货物。达曼港每年的吞吐量已经超过1 000万吨，这使其成为沙特阿拉伯最大的港口之一。港口主要处理石油和石化产品，包括原油、天然气、石油化学产品等。港口也处理其他类型的货物，如钢材、汽车、机械和电子产品等。达曼港是沙特阿拉伯和其他海湾国家的重要贸易枢纽，连接着亚洲、欧洲、非洲和美洲等地的港口。

（三）延布港

延布港口位于沙特阿拉伯西海岸中部，南距吉达港约161海里，濒临红海的东侧，是沙特阿拉伯西部的第二大港，港口距机场约15千米，有定期航班飞往吉达、利雅得等地。延布港港区分系缆油船泊位及散、杂货泊位。

（四）新罗西斯克港

新罗西斯克港位于俄罗斯西南沿海诺沃罗西斯克湾的顶端，濒临黑海的东北侧，距刻赤海峡约60海里，是俄罗斯最大原油输出港，也是该国在黑海的主要港口。

（五）法奥港

法奥港是伊拉克最大的油港，是石油出口的中转站。法奥港新建的海上泊位毫尔艾迈耶距阿拉伯河口约17海里，是一个深水大型油船泊位。

（六）法赫尔港

法赫尔港位于阿曼北部沿海，濒临阿曼湾的西南侧，是阿曼最大的原油输出港。港口距机场约8千米。港区主要有3个系泊浮筒泊位，其中最大可泊60万吨巨型油船。装卸设备有直径为203～1 016毫米的输油管，水下管道长达14千米，可以连接输油中心。装卸效率：原油每小时9 000吨，燃油每小时3 000

吨。该港口主要出口原油及成品油等，同时为重载船补充燃料油。

（七）哈尔克岛港

哈尔克岛港是伊朗的原油输出港，位于波斯湾西北部，伊朗布什尔省岸外约40千米的哈尔克岛东南和西南方向。哈尔克岛是个仅49平方千米的小岛，因周围水深，又靠近伊朗主要油田，岛上布满油库等石油设施，有6条大口径输油管道往海底通达油田。码头上装油能力每小时达6万吨，全港年输油能力2亿吨以上，是世界最大的输油港之一。

（八）马赫沙尔港

马赫沙尔港位于伊朗西南部加扎尹河下游，濒临波斯湾的北侧，是伊朗成品油输出港，由伊朗国家石油公司管理。港区主要码头泊位是一个"T"形突堤码头，有6个泊位，岸线长1 350米，最大水深13.6米。该港进出口货物以成品油为主。

（九）艾哈迈迪港

艾哈迈迪港东临波斯湾，由南码头、北码头和人工岛共同组成，南、北码头可停靠10万吨级油轮；人工岛距海岸10千米，可接待37.5万吨，甚至更大的油轮靠泊。全港年吞吐量超过亿吨，是海湾地区最大的油港之一。

（十）达斯岛港

达斯岛港位于阿联酋西北方向波斯湾中的海岛上，距该国海岸约60海里，是阿联酋最大的原油输出港。在本岛的西部及东南部均有油田，并拥有天然气液化厂。出口货物以原油为主，进口货物主要有装卸材料、供应品及杂货等。

（十一）迪拜港

迪拜港位于阿联酋东北沿海，濒临波斯湾的南侧，是阿联酋最大的港口，也是集装箱大港之一。该港地处亚欧非三大洲的交会点，是中东地区最大的自由贸易港，尤以转口贸易发达而著称。它是海湾地区的修船中心，拥有名列前茅的百万吨级干船坞。主要工业有造船、塑料、炼铝、海水淡化、轧钢及车辆装配等，还有年产50万吨的水泥厂。

（十二）富查伊拉港

富查伊拉港是阿联酋重要的港口之一，地理位置极为优越，处于阿曼湾沿岸，扼守中东地区的海上交通要道，是连接波斯湾与印度洋的关键节点，在全球贸易航线中占据重要地位。

从港口设施来看，富查伊拉港配备了先进且完善的装卸设备，拥有多个专业化码头，包括集装箱码头、散货码头和液体化工码头等。这些码头能够满足不同类型货物的装卸需求，码头岸线较长，可同时停靠多艘大型船舶，极大地提高了港口的作业效率。例如，其集装箱码头拥有现代化的龙门吊等设备，能够快速高效地装卸集装箱。

在货物吞吐量方面，富查伊拉港的业务量庞大。凭借优越的地理位置和完善的设施，它吸引了大量的货物在此中转和集散。该港口主要处理石油、天然气、矿石、集装箱等各类货物，其中石油产品的吞吐量在其业务中占据重要份额。作为中东地区重要的石油转运枢纽之一，每天都有大量的油轮在此停靠装卸，源源不断地将中东地区丰富的石油资源运往世界各地。同时，随着全球贸易的发展，集装箱货物的吞吐量也在逐年上升，其航线网络覆盖了欧洲、亚洲、非洲等多个地区，与众多国际知名航运公司都保持着密切合作。

五、主要液化天然气港口

（一）格拉德斯通港

格拉德斯通港是昆士兰最大的多商品港口和澳大利亚第五大的多商品港口，也是世界第四大煤炭出口码头。格拉德斯通港主要出口货物有煤、氧化铝、铝、水泥制品和液氨等。煤炭出口额占港口出口总额的70%，每年有5 000万吨煤通过港口。主要进口货物包括铝土矿和石油产品及集装箱中的普通货物。

（二）拉斯拉凡港

拉斯拉凡港是卡塔尔最大的港口之一，位于卡塔尔北部的拉斯拉凡工业城附近。该港口是卡塔尔主要的能源出口枢纽之一，同时也是该国天然气开采和加工的中心地带。拉斯拉凡港口还包括液化天然气出口码头，被视为世界上最大的液化天然气出口码头之一。该港口还提供其他服务，如货物装卸、修理、保养和供应，以及客运服务。

除了是卡塔尔能源产业的中心，拉斯拉凡港口还是该国的工业和制造业基地之一，其中包括石化、钢铁和铝业等行业。

拉斯拉凡港拥有现代化的设施和技术，以适应高容量的货物流动和高效的物流操作。以下是拉斯拉凡港的主要设施。

大型货运码头：拉斯拉凡港拥有多个大型货运码头，可以容纳超大型船只和运输船队，其中包括多个集装箱码头、散货码头和液化天然气码头等。

大型储油罐和液化天然气储罐：拉斯拉凡港拥有多个大型储油罐和液化天然气储罐，用于存储和分配石油和天然气产品。

先进的物流设施：拉斯拉凡港配备了先进的物流设施，包括自动化货物搬运设备、先进的物流管理系统和大型仓库等。拉斯拉凡港重视环保，配备了污水处理设施和垃圾处理设施，以保护周边环境。

（三）民都鲁港

民都鲁港位于马来西亚砂捞越州沿海中部，处于中东与欧洲海运线的繁忙中心，民都鲁港处于西马、新加坡、文莱及沙巴州的中心点，民都鲁港的最大目标是成为世界级液化天然气港。马来西亚液化天然气有限公司旗下的3座液化天然气厂都坐落在民都鲁基杜弄重工业区内，它是世界上最大的液化天然气厂之一。

六、主要铁矿石港口

（一）丹皮尔港

丹皮尔港是澳大利亚矿石输出港，位于西澳大利亚州西北海岸，临南印度洋。港口可靠泊14万吨级船只，每小时装6 000万吨；西泊位长341米，沿边水深18.6米，可靠泊20万吨级矿石船，每小时装船效率为7 500万吨。该港吞吐量约为4 000万吨，是澳大利亚主要铁矿石输出港之一，输出量约占澳铁矿石出口量的1/2。

（二）黑德兰港

黑德兰港，是澳大利亚西北部印度洋岸的港口，是澳大利亚铁矿石输出港。黑德兰港位于西澳大利亚州西北沿海，濒临印度洋的东侧，是澳大利亚第二大铁矿石出口港，也是世界十大散货港之一。

（三）杨皮桑德港

杨皮桑德港是澳大利亚西北印度洋沿岸的港口。该港是个优良的避风深水港，是澳大利亚西北地区的矿石出口港。港区主要有一个散／杂货码头，岸线长170米，水深为17米，可泊总载重量16万吨的船舶。

（四）杰拉尔顿港

杰拉尔顿港是澳大利亚商港，位于该国西南海岸，临南印度洋钱皮昂湾。港口年吞吐量达150万吨以上，是内陆默奇森地区金矿和科拉诺卡地区铁矿石的出口港及生活用品的进口港。

（五）弗里曼特尔港

弗里曼特尔港是澳大利亚商港，位于该国西澳大利亚州西南斯旺河口，珀斯市西南，港口有内外港之分。全港约有30个深水泊位，货物吞吐量达1 737万吨。

（六）敖德萨港

敖德萨港位于乌克兰南部沿海敖德萨湾西南岸，濒临黑海西北侧，是乌克兰最大的港口，也是乌克兰的主要油港，全港分7个港池，共有38个泊位，最大水深达12米。除主要油码头外，还有散、杂货及集装箱等专用码头。进口货物主要有原油、煤、棉花及机械等，出口货物主要有粮谷、糖、木材、羊毛及杂货等。年货物吞吐量达3 000万吨。

（七）霍梅尼港

霍梅尼港属于伊朗两大海港之一。霍梅尼港位于伊朗西南沿海加扎尹河下游，距河口约45海里，濒临波斯湾的北侧。该港转口区拥有18座过境仓库。年货物吞吐能力约为1 100万吨。出口货物主要为矿石及硫磺等，进口货物以谷物及杂货为主。

七、主要粮食港口

（一）海防港

海防港是越南北方的商港，位于该国首都内河以东海岸，临北部湾。海防港东距鸿基51海里，至中国海口216海里，至香港570海里；南至岘港310海里，至胡志明港810海里，至新加坡港1 319海里。海防港是越南北部最大的港口。集装箱吞吐量占到了越南全国港口的 30%。入港航道长18海里，港内中央区有12个泊位，用于装卸杂货、矿砂、煤、谷物和冷藏货。

（二）岘港

岘港港口位于岘港湾，占地面积12平方千米，交通运输极为便利。目前岘港是中部地区物流服务链中的重要环节。岘港港口是东西经济走廊的终端，将缅甸、泰国、老挝和越南四国连接起来，同时还是全地区通往东海的主要窗口。

（三）胡志明港

胡志明港，又称西贡港，位于越南南部湄公河三角洲之东北、同奈河支流西贡河下游，南距入海口45海里，万吨远洋轮可入港装卸，是越南南方最大的港口。2023年吞吐量为790万标准箱。

（四）皮里港

皮里港是澳大利亚南澳大利亚州的一个港口城市，位于斯潘塞湾东南岸，距离首府阿德莱德约230千米。皮里港是南澳大利亚州的第六大城市，人口约为1.3万人。

皮里港是重要的工业中心，以铅和锌冶炼厂而闻名。该城市还有一些其他的制造业和服务业，如磷肥工厂、水泥厂、煤炭储运和物流中心等。以下是一些皮里港的主要设施和吞吐量。

货物码头：皮里港有一个主要的货物码头，可容纳238米长的船只和11.5米的吃水深度，主要用于装卸散货和集装箱货物。

铁路码头：皮里港还有一个铁路码头，可容纳80辆车厢的铁路货物，主要用于运输铜、铅、锌等矿产品。

液体储存和装卸设施：皮里港还有一些液体储存和装卸设施，主要用于处理油类和化学品等液体货物。

吞吐量：据南澳大利亚州政府统计，皮里港的年吞吐量约为350万吨，主要货物包括煤炭、矿产品、农产品、木材和钢铁等。其中，煤炭是皮里港最主要的货物之一，占据了吞吐量的相当比例。

（五）吉朗港

吉朗港是位于澳大利亚维多利亚州吉朗市的一个港口，是该州第二大港口和澳大利亚最重要的港口之一。它位于墨尔本市中心以西约75千米处，距离墨尔本机场只有不到1个小时的车程。吉朗港是一个全天候港口，能够处理各种货物，包括散货、集装箱、汽车、液体和散装饲料等。此外，吉朗港还是维多利亚州的重要港口之一，为该州的经济和出口业务做出了重要贡献。

吉朗港有5个主要的码头，包括新的6号码头和7号码头，总长度超过2.4千米。吉朗港有多个仓库和堆场，总面积超过60万平方米，提供了大量的存储空间。吉朗港配备了各种各样的装卸设备，包括吊车、装载机、拖拉机和叉车等，以帮助顺畅地进行货物的装卸作业。

货物吞吐量：吉朗港的货物吞吐量一直在稳步增长。2023年，吉朗港的货物吞吐量为1 200万吨，其中包括粮食、矿产、木材和散货等。

（六）纽卡斯尔港

纽卡斯尔港位于澳大利亚新南威尔士洲东海岸，是澳大利亚历史最悠久的港口。纽卡斯尔港是澳大利亚第二大港口，也是澳大利亚最大的现代化煤炭港口和三大钢铁工业中心之一。纽卡斯尔港拥有丰富的资源，已成为亨特河谷、新南威尔士洲北部及西部大部分地区的经济贸易中心。

（七）鲁珀特王子港

鲁珀特王子港是加拿大不列颠哥伦比亚省北部一个重要的海运港口，也是北美洲最快增长的港口之一。它位于加拿大西海岸，因距离亚洲市场更近，能够提供比洛杉矶、西雅图等港口更短的航线和更快的货物周转时间，因此备受亚洲客户的青睐。

鲁珀特王子港建于20世纪初，最初是为了方便加拿大铁路公司的运营而设立的。如今，它已经成为一个全方位、多元化的港口，提供集装箱、散货、干散货、液体货物等各种类型的装卸服务。

鲁珀特王子港有多条航道和泊位，能够容纳超过200个大型船只。港口的吞吐量也不断增长，2023年已经达到2 350万吨，同时还有大量的液体和散货运输。

八、国际港口经营企业

（一）和记港口

和记港口是一家总部位于中国香港的港口运营公司，成立于1968年，是亚洲最早进入港口运营领域的公司之一。该公司的主要业务包括港口和物流运营、海洋货运和货代、航运代理、船舶租赁和航线开发等。和记港口目前在中国、美国、菲律宾、泰国、越南、印度尼西亚、巴西等国家和地区拥有多个港口和物流中心。

香港国际货柜码头有限公司是和记港口旗下的一个港口，也是全球最繁忙的货柜码头之一。据2020年的数据，该港口的吞吐量为1 828万标准箱，船舶靠泊次数为8 627次。

珠海和记码头有限公司是和记港口在珠海的一家港口。该港口主要处理集装箱和散货,具备2.5万吨级集装箱船靠泊能力。根据2019年的数据,珠海和记码头的集装箱吞吐量为67.4万标准箱,货物吞吐量为262万吨。

深圳和记码头有限公司是和记港口在深圳的一个港口,主要处理集装箱和散货。据2020年的数据,深圳和记码头的集装箱吞吐量为58.2万标准箱,货物吞吐量为357万吨。

江门和记港口有限公司是和记港口在广东江门的一个港口,主要处理散货和液体化工品。根据2020年的数据,该港口的货物吞吐量为61万吨。

湛江和记港口有限公司是和记港口在广东湛江的一个港口,主要处理液体化工品和散货。根据2020年的数据,该港口的货物吞吐量为303万吨。

汕头和记港口有限公司是和记港口在广东汕头的一个港口,主要处理液体化工品和散货。根据2020年的数据,该港口的货物吞吐量为52.3万吨。

(二)菲律宾国际港口

菲律宾国际港口公司(ICTSI)是一家全球领先的港口运营商,成立于1987年,总部位于菲律宾马尼拉市。该公司在全球范围内运营着多个港口,包括亚洲、非洲、欧洲和拉丁美洲等地区。

ICTSI的主要业务是提供港口终端服务,包括船舶装卸、集装箱堆存、集装箱码头操作和物流服务等。该公司的目标是通过不断提高服务质量和效率,为客户提供高质量的港口服务。

除了在菲律宾境内的多个港口外,ICTSI在亚洲还运营着印度尼西亚雅加达港、马来西亚波德申港、巴基斯坦卡拉奇港等多个港口,同时还在拉丁美洲、非洲和欧洲等地区拥有港口业务。

菲律宾2019年国际收入为14.81亿美元,与2018年相比增幅为6.9%,盈利为8亿美元,增幅为25.8%。2018年该公司单箱收入为142.3美元,单箱收益为86.1美元;2019年单箱收入降至145.5美元,单箱收益降至78.6美元。该公司2020年的吞吐量为1 020万标准箱,海外权益吞吐量也为1 020万标准箱。

(三)新加坡国际港口

新加坡国际港口公司(PSA),是全球最大的港口经营公司之一,总部位于新加坡。PSA成立于1964年，旨在管理新加坡的港口，并促进新加坡的经济发展。如今，PSA已经发展成为全球拥有最多港口的港口经营公司之一，拥有遍布全球的网络，管理的港口超过40个，覆盖了亚洲、欧洲、南美洲、北美洲和中东地区。

PSA通过使用最先进的技术和工艺，提高了港口的效率和生产力，为客户提供全面的港口服务，包括码头作业、集装箱管理、货物装卸、储存和运输等。PSA还致力于推动可持续发展，并积极参与各种环境保护和社会责任项目，包括减少港口排放、提高能源效率和支持当地社区发展等。

新加坡国际2019年收入为40.77亿美元，与2018年相比增幅为-0.2%，盈利为24.45亿美元，增幅为21.0%。2018年该公司单箱收入为50.4美元，单箱收益为29.2美元；而2019年单箱收入降至47.9美元，单箱收益降至28.7美元。该公司2020年的吞吐量为8 660万标准箱，其中海外权益吞吐量为4 973万标准箱。

（四）AP穆勒码头

AP穆勒码头是一家丹麦跨国公司，成立于1904年，总部位于哥本哈根，是全球最大的航运公司之一，也是全球最大的港口运营商之一。AP穆勒码头经营着世界各地的港口和船运业务，旗下拥有多家子公司，包括马士基集装箱航运公司、APM穆勒马士基港口运营公司、达飞海运公司等。

AP穆勒码头的业务范围涉及全球各个领域，包括船舶运输、港口运营、物流管理、货运代理、贸易金融等。其在全球范围内的港口和码头设施数量众多，能够为客户提供全面的物流服务和解决方案。

AP穆勒码头2019年的收入为31.03亿美元，与2018年相比增幅为8.0%，盈利为11.07亿美元，增幅为10.9%。2018年该公司单箱收入为252.0美元，单箱收益为87.5美元；2019年单箱收入升至263.0美元，单箱收益升至93.8美元。该公司2020年的吞吐量为1 150万标准箱，海外权益吞吐量也为1 150万标准箱。

（五）中远海运港口

中远海运港口是中国远洋运输（集团）有限公司的全资子公司，成立于2016年，总部位于香港。

中远海运港口是全球领先的港口运营商之一，经营着全球多个港口，包括中国大陆、欧洲、地中海、美洲和中东等地的港口。其在中国大陆的港口运营业务主要分布在沿海沿江地区，如上海、宁波、深圳、广州、天津等城市的港口。此外，中远海运港口还在全球范围内积极进行港口运营和投资，并持续推进港口布局优化和业务升级。

中远海运港口的业务范围涵盖集装箱、散货、液体化学品和天然气等多个货类，能够为客户提供全方位的港口服务和物流解决方案。同时，该公司致力于数字化和智能化港口建设和运营，不断提升服务水平和客户体验。

中远海运港口2019年的收入为10.28亿美元，与2018年相比增幅为2.8%，盈利为2.98亿美元，降幅为8.6%。2018年该公司单箱收入为27.0美元，单箱收益为8.8美元；而2019年单箱收入降至25.9美元，单箱收益降至7.5美元。该公司2020年的吞吐量为12 382.5万标准箱，其中海外权益吞吐量为3 845.6万标准箱。

（六）迪拜港口世界

迪拜港口世界（DP World）是一家总部位于阿拉伯联合酋长国迪拜的跨国物流公司。该公司在六大洲，包括中东、非洲、欧洲、亚洲、澳大利亚和美洲运营港口和码头。

DP World成立于2005年，由迪拜港务局和迪拜国际港口合并而成。该公司已经发展成为全球最大的港口运营商之一，拥有超过150个运营项目，遍布50多个国家。

DP World的服务包括集装箱处理、仓储、货运代理和报关。该公司还提供综合物流解决方案，并经营自由贸易区、工业园区和其他基础设施项目。

迪拜港口世界2019年的收入为76.86亿美元，与2018年相比增幅为36.1%，盈利为29.98亿美元，增幅为6.8%。2018年该公司单箱收入为153.6美元，单箱收益为71美元；而2019年单箱收入降至192.5美元，单箱收益降至75.1美元。该公司2020年的吞吐量为7 124.0万标准箱，其中海外权益吞吐量为5 776万标准箱。

（七）招商局港口

招商局港口是中国内地领先的港口运营商之一，主要经营港口投资、设计、建设和管理。公司在中国沿海和内陆的多个港口拥有投资，并在全球范围内开展港口相关业务，包括码头和集装箱终端操作、航运和物流服务等。

招商局港口的业务涉及多个领域，包括集装箱、干散货、液体散货等，同时公司也在不断拓展新的业务领域，如海洋工程、船舶修造等。

作为中国内地领先的港口运营商之一，招商局港口的经营业绩一直良好。该公司2020年的吞吐量为12 000万标准箱，其中海外权益吞吐量为4 663.8万标准箱。截至2021年底，公司在中国境内拥有37个港口，海外拥有15个港口。

第四章　我国海运供应链要素发展分析——航运供给端

第一节　海上运输承运人

一、船队总体情况

克拉克森统计数据显示，截至2023年8月12日，中国船东所持有的船队规模已经达到2.492亿吨，占全球市场份额的15.9%，超越希腊的2.49亿吨，成为世界最大船东国。但载重吨上仍落后希腊，截至2022年底，中国海运船队运力规模达3.7亿吨，较10年前增长1倍，居世界第二；希腊船队的总载重量达到4.23亿吨，占全球比重的18%。从船舶资产价值排名来看，日本船东为世界第一，资产达1 966亿美元；中国船东居世界第二，资产为1 901亿美元；第三名希腊稍低一些，为1 561亿美元。

在过去的10年里，中国船队的迅猛发展不仅体现在船队规模的增长上，也反映在技术创新和服务质量的提升上。近年来，中国船队加大了对数字化、智能化等科技手段的投入，并与港口、保险公司等相关产业形成更加紧密的合作关系，以改善运输效率、提升服务水平。同时，中国船队在安全环保方面也投入了更多精力，积极推进航运行业绿色低碳化、普及环保技术和设备等措施。值得注意的是，中国船队在装载能力大、运行效率高等方面具有明显优势。作为一个重要的航运大国，中国船队的发展不仅对本国经济有着重要的支撑作用，也在全球范围内贡献着巨大价值。可以预见，中国船队将继续推动着全球航运业的发展和变革。

二、国内主要航运公司

（一）中国远洋海运集团有限公司

中国远洋海运集团有限公司（简称中远海运集团）是中国最大的综合性航运集团之一，拥有完整的航运产业链。公司油轮船队运力规模世界第一，覆盖全球主流的油轮船型，是全球油轮船队中船型最齐全的航运公司，提供液态天然气（液化天然气）、原油和石油产品等多种类型的油轮运输服务。中国远洋海运集团拥有和控制的油轮有156艘，总载重量2 306万吨。其中自有船队148艘，总载重量2 083万吨，租入船队8艘，总载重量223万吨，覆盖了全球主要港口和航线。散货运输服务包括煤炭、钢铁、矿石、化工品、农产品、木材等多个领域，为众多客户提供了散货运输服务。根据中远海运集团公布的数据，2020年，中国远洋海运集团的散货运输量为1.23亿吨，同比增长7.4%。中远海运集团在全球范围内提供集装箱运输服务，拥有自主经营的船队和全球化的服务网络，截至2021年底，其拥有运力规模超过250万标准箱。

（二）招商局集团有限公司

招商局集团成立于香港，总部设在香港，是最早在香港运营的中资企业之一。旗下涵盖了多个业务板块，其中包括航运业务。作为招商局集团旗下专业从事远洋运输的航运企业，招商轮船经营和管理着中国历史最悠久、最具经验的远洋油轮船队，是大中华地区领先的超级油轮船队经营者，也是国内输入液化天然气运输项目的主要参与者，拥有世界一流的超级油轮（VLCC）和超大型矿砂船（VLOC）船队，国内领先的液化天然气（液化天然气）和滚装（Ro-Ro）船队，以及亚太区域一流的集装箱船队。截至2024年2月底，公司运营管理的船舶共计303艘（含订单），总载重量4 443万吨，运力规模在全球非金融船东中排名第二。

（三）阳明海运

阳明海运是一家总部位于台湾的集装箱运输公司，成立于1972年。该公司提供全球范围内的海运服务，覆盖亚洲、欧洲、北美、南美、中东和澳大利亚等地区。阳明海运拥有一支规模庞大的船队，包括超过110艘船舶，总载重量约为67万标准箱。该公司提供门到门的物流解决方案，包括陆路运输、仓储、货代服务和供应链管理等。作为一家注重环保和可持续发展的企业，阳明海运致力于采用环保技术和措施来减少对环境的影响。该公司积极推广船舶节能技术，如安装节油设备、改用节能型发动机等，同时推广数字化技术，提高船舶的运营效率和可持续性。

（四）长荣海运

长荣海运是一家总部位于台湾的集装箱航运公司，成立于1968年。该公司提供全球范围内的海运服务，覆盖亚洲、欧洲、北美、南美、非洲和澳大利亚等地区。长荣海运拥有一支庞大的船队，船舶超过190艘，总载重量约为110万标准箱。该公司提供门到门的物流解决方案，包括陆路运输、货代服务和定制化供应链解决方案等。

三、国际主要航运公司

（一）油轮船东公司

Euronav：Euronav是世界上最大的独立报价油轮公司，从事原油的海上运输和储存。该公司成立于比利时，总部位于安特卫普，在欧洲和亚洲设有办事处。2021年Euronav的油轮拥有量为77艘，总载重量为1 975万吨。

Bahri：Bahri是一家沙特阿拉伯的运输和物流公司。它以前被称为沙特阿拉伯国家航运公司（NSCSA），成立于1978年。该公司专注于运输和物流服务，包括航运、海上服务和物流解决方案。Bahri拥有80多艘船舶，包括超大型原油船、化学品油船和散货船。其服务覆盖中东、北非、红海、印度次大陆和地中海地区。除了运输和物流服务外，Bahri还与沙特阿美公司（沙特阿拉伯国家石油公司）合资运营VLCC原油船队。2021年Bahri的油轮拥有量为88艘，总载重量为1 536万吨。

安吉卡瑟斯集团：安吉卡瑟斯集团是一家总部位于希腊的私人船运公司，该公司拥有世界上最大的油轮船队之一，专注于运输原油、石油产品和液化天然气，并在干散货运输领域拥有重要的业务份额。安吉卡瑟斯集团以经营现代化和技术先进的船舶、维护高水平的安全和环境责任而闻名。该公司赢得了许多业内奖项，并被认为是航运行业的领导者。2021年安吉卡瑟斯集团的油轮拥有量为57艘，总载重量为1 532万吨。

Fredriksen集团：Fredriksen集团是一家挪威的船舶和海洋钻探公司。该集团拥有各种业务，包括船舶运输、海洋钻探。该集团的船舶业务通过各个子公司开展，包括Frontline Ltd.、Golden Ocean Group Ltd.和Hemen Holding Ltd.。Frontline Ltd.是世界上最大的油轮运输公司之一，而Golden Ocean Group Ltd.则是领先的散货船运输公司之一。2021年Fredriksen集团的油轮拥有量为76艘，总载重量为1 278万吨。

三井住友海运（Mitsui OSK Lines）：三井住友海运是一家日本交通运输公司，经营一支船队并提供一系列海运和物流服务。该公司的主要业务领域包括集装箱运输、散货运输、汽车运输和能源运输。2021年该公司的油轮拥有量为159艘，总载重量为1 223万吨。

（二）散货船东公司

Nippon Yusen Kabushiki Kaisha（NYK）：NYK是一家日本的航运公司，专门提供海洋运输服务，包括集装箱运输、汽车运输和散装运输等。2021年NYK有船舶122艘，提供散货总载重量为1 335万吨。

Star Bulk Carriers：Star Bulk Carriers是一家总部位于希腊的航运公司，成立于2006年。2021年Star Bulk Carriers有船舶119艘，提供散货总载重量为1 426万吨。

Berge Bulk：Berge Bulk是一家国际散货船东公司，总部位于新加坡。该公司成立于1963年，是Berge家族旗下的企业之一。Berge Bulk主要从事干散货运输业务，运运的货物包括煤炭、铁矿石、石油焦、铜矿石、铬矿石、磷酸盐矿石、玉米等。截至2021年底，Berge Bulk拥有一支超过110艘散货船舶的船队，总载重量超过1 100万吨。

Oldendorff Carriers：Oldendorff Carriers是一家总部位于德国吕贝克的全球性航运公司，专门从事干散货的运输，如煤炭、铁矿石、谷物和肥料等。Oldendorff Carriers拥有超过750艘船舶的船队，包括散货船、自卸船和驳船，在全球各大航运市场，包括欧洲、亚洲、美洲、非洲和澳大利亚等地均有业务。2021年Oldendorff Carriers有散货船舶102艘，提供散货总载重量为1 184万吨。

（三）集装箱船东公司

Maersk：Maersk是全球最大的集装箱运输公司之一，业务范围涵盖海上、陆上和空运输服务。2021年第三季度，Maersk集装箱业务的收入为152亿美元，同比增长了36%。Maersk集装箱船队拥有超过700艘船只，集装箱业务的运输量为636万标准箱，同比增长了22%。Maersk集装箱业务的利润为68亿美元，同比增长了1 505%。Maersk在全球集装箱运输市场上的份额约为17%，是市场领导者之一。总体而言，Maersk的集装箱业务在2021年表现出色，收入、运输量和利润均实现了强劲增长。

MSC：MSC是全球最大的私人集装箱运输公司之一，业务范围涵盖海上、陆上和空运输服务。2021年第三季度，MSC集装箱业务的收入为139亿美元，同比增长了60%。2021年第三季度，MSC集装箱业务的运输量为484万标准箱，同比增长了17.8%。MSC在全球集装箱运输市场上的份额约为15%，是市场领导者之一。总体而言，MSC在全球集装箱运输市场上占据着重要的地位，其业务规模、收入和运输量都在不断增长。与Maersk类似，MSC也拥有庞大的船队和全球覆盖的航线网络。

CMA CGM：CMA CGM是全球领先的集装箱运输和物流公司之一，成立于1978年，总部位于法国马赛。该公司在全球范围内拥有的办事处超过500个，提供航运、陆运和物流解决方案等服务。CMA CGM拥有一支强大的船队，船只超过500艘，覆盖全球100多个国家和地区的主要港口。该公司的集装箱船队具有不同的总载重量和航速，可以适应各种客户需求。除了海上运输外，CMA CGM还提供陆上运输、仓储和分销服务。该公司的陆地运输网络覆盖了欧洲、非洲、亚洲和美洲等地区，并提供门到门的服务。CMA CGM还致力于推动可持续发展，不断优化其船队和物流运营，减少对环境的影响，并鼓励客户采取更环保的运输方式。截至2021年底，CMA CGM的集装箱运输量约为2 220万标准箱，其中大约一半的运输量来自亚洲—欧洲航线。

Hapag-Lloyd：Hapag-Lloyd是全球领先的集装箱航运公司之一，成立于1970年，总部位于德国汉堡。该公司提供全球范围内的海运服务，涵盖欧洲、亚洲、北美、南美、非洲和澳大利亚等地区。Hapag-Lloyd拥有一支庞大的集装箱船队，包括近250艘船舶，容积量约为134万标准箱。该公司还提供门到门的物流解决方案，包括陆路运输、货代服务和定制化供应链解决方案等。作为一家国际化企业，Hapag-Lloyd注重环保和可持续发展。该公司采用节能减排技术，如船舶节油措施、减少航行速度、推广燃气涡轮发动机等，致力于减少对环境的影响。

（四）液化天然气船东公司

卡塔尔燃气运输公司（Nakilat）：Nakilat是一家卡塔尔航运公司，也是世界上最大的液化天然气运输公司之一。它成立于2004年，是卡塔尔石油公司和各种卡塔尔投资者的合资企业。Nakilat拥有和运营一支由70多艘液化天然气运输船组成的船队，其船只从卡塔尔北部的气田（全球最大的非关联天然气田）运输液化天然气到世界各地。2021年，该公司拥有液化天然气船舶29艘，运载6 928 500立方米天然气。

三井住友海运（Mitsui OSK Lines）：三井住友海运是世界上最大的液化天然气船运营商之一，其液化天然气船队拥有100多艘船舶，总载重量约为6 838 600万立方米。该公司的液化天然气船舶运营业务涉及全球各个主要液化天然气生产和消费国家。三井住友海运的液化天然气船舶采用最先进的技术和设计，以确保航行安全，提高运行效率和降低运营成本。该公司的液化天然气船舶还配备了多种安全装置和系统，以保护船员和船舶的安全。该公司的液化天然气船舶业务还包括液化天然气运输、存储和加注服务，为客户提供全方位的液化天然气运输解决方案。

（五）货主船队

淡水河谷自有船队：为了确保物流效率，淡水河谷运营大型船舶，并提供租船服务。其船队包括好望角型船舶（容量为170万吨）、Valemaxes型船（该类型船舶是世界上最大、最高效的矿石运输船，该类型船舶温室气体排放量减少了41%，运输量是好望角型船舶的2.3倍，目前淡水河谷有67艘Valemaxes型船）、VLOC型船舶总载重量为375 000吨，主要往返于巴西和亚洲之间）。

力拓自有货物供应链：海洋运输是力拓集团的重要业务之一。力拓的海事团队利用其专业知识、规模和全球通信网络租用和运营一支由230多艘船组成的船队。每年航次达2 700次。每年运输超过300亿吨的产品，每年出口散装货物总量接近2.45亿吨，大约占世界干散货海运业务的10%。

必和必拓自有货物供应链：西澳大利亚铁矿石（WAIO）是一个由四个加工中心和五个采矿中心组成的综合系统，由西澳大利亚州北部皮尔巴拉地区1 000多千米的铁路基础设施和港口设施连接。黑德兰港是世界上最大的铁矿石装货港之一，也是澳大利亚最大的铁矿石装货港。黑德兰港是西澳大利亚皮尔巴拉地区的三个主要铁矿石港口之一。必和必拓收购的Mount Goldsworthy矿业协会为黑德兰港疏浚了一条进场通道和船舶转弯池，拥有15个泊位，能够处理总载重量25万～32万吨的船舶。2020年，必和必拓连接了和德兰港口与皮尔巴拉地区的许多矿场，包括纽曼矿场等。

比亚迪自有货物供应链：比亚迪拥有自己的仓储物流体系。为了更好地满足其业务需求，比亚迪在全球范围内建立了多个物流配送中心和仓储中心。比亚迪的仓储物流体系覆盖了全球范围，其中包括中国、美国和欧洲、南美洲国家等。比亚迪的物流配送中心和仓储中心面积广泛，设有各种设施和设备，包括自动化的货架、搬运设备、机器人等。比亚迪的物流配送中心和仓储中心采用先进的物流管理系统和技术，以确保货物准确、高效的配送和仓储管理。同时，比亚迪还注重信息化建设，通过物流信息系统实现对货物流转、库存管理和供应链全程可视化。通过建立自己的仓储物流体系，比亚迪能够更好地掌控供应链，提高货物配送效率和质量，降低物流成本，为客户提供更好的服务。

第二节 相关航运服务业

一、货运代理

根据2023年全球海运货运代理公司排名，中国内地的中国外运股份有限公司（简称中国外运）和香港的嘉里物流位于榜单前10名。其中，中外运旗下的国际货代公司年集装箱处理量为389万标准箱，同比上涨3.7%；嘉里物流的年集装箱处理量达到了117.6万标准箱，同比下降5.3万标准箱。德国有2家公司进入前十，分别是DHL Supply Chain和德铁信可（DBSchenker），汉宏物流（Hellmann）升至11名。在全球航运货运代理公司排名中，瑞士有1家公司上榜，其中德迅作为全球最大的货运代理公司已连续多年排名全球第一。2023年，德迅处理的海运集装箱量达438.6万标准箱，比排名第二的中外运多49.6万标准箱。美国上榜的公司共有10家，其中排名处于前10的公司是C. H. Robinson Worldwide，Expeditors International of Washington掉至第12名。从排名上升速度看，Geodis表现尤为出色，从2022年榜单的第13名上升至2023年榜单的第10名，箱量比上一年增加24.6万标准箱。

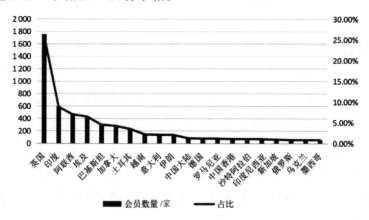

图 4-1 2023 年 FIATA 会员数量前 20 名的国家和地区

国际货运代理协会联合会（FIATA）中来自每个国家的正式会员数量也能反映各个国家货运代理行业的发展情况。截至2023年底，英国的会员数量最多，达到1 758家，远远领先于会员数量排名第二的印度（595家），占FIATA全部会员数量的25.92%；中国内地的会员有84家，占比1.24%，排名全球第11；中国香港的会员有72家，占比1.06%，排名全球第十四。

货运代理业务是中国外运的核心业务之一，涵盖了海运代理、空运代理、铁路代理及船舶代理等多个方面，提供全方位的专业服务以满足客户的不同需求。在海运代理方面，中国外运作为世界领先的海运代理服务商之一，主要为客户提供向船公司订舱、安排货物出运、提箱、装箱、仓储、集疏港、报关报检、分拨、派送等与水路运输相关的多环节物流服务，能提供从中国各主要口岸到全球70多个主要贸易国家和地区的全程供应链物流服务。此外，中国外运的货运代理业务还包括为客户提供量身定制的、覆盖整个价值链的一体化物流解决方案，并确保方案的顺利实施。主要服务包括合同物流、项目物流、化工物流及冷链物流等。其中，项目物流业务主要覆盖"一带一路"沿线国家及地区，为石化、电力、冶金矿业、基础设施、轨道车辆等行业的中国对外工程承包客户提供一站式物流解决方案。

德迅公司（Kuehne Nagel）是全球最大的货运代理公司之一，也是世界上最大的无船经营的公共承运人。公司的发祥地为德国，但其本部设在瑞士的Schindellegi。德迅公司的历史可以追溯到1890年，当时August Kuehne和Friedrich Nagel在德国不来梅经营货运代理和调配业务，主要经营羊毛和联合运输。由于业务在德国发展迅速，很快便扩展到了整个欧洲、美洲，并朝着亚洲和非洲发展。在中国，德迅（中国）货运代理有限公司的总部设在上海，并在全国许多大中城市和港口城市，如大连、天津、北京、青岛、宁波、厦门、广州、深圳、成都和重庆等地拥有分支机构。德迅公司的业务非常广泛，包括国内物流、国际物流、跨境电商物流、仓储管理及供应链管理等多个领域。国内物流业务主要提供快递、仓储和配送服务，而国际物流业务则涵盖进出口贸易和海运运输。此外，德迅还通过与海外仓库合作，为跨境电商提供仓储和配送服务，并在仓储管理和供应链管理方面提供一系列解决方案。

二、第三方船舶管理

2023年，全球前十大船舶管理公司管理的船舶数量为6 160艘，同比增长

4.6%，增速同比上涨3.8个百分点，增速明显加快。全球主要船舶管理公司按船舶管理总艘数排名包括Anglo-Eastern Univan Group（中英船管）、OSM Thome SHIP MANAGEMENT、Synergy Marine Group、Wilhelmsen、V.Group、Bernhard Schulte Group、洲际船务等。2023年，全球前十大船舶管理公司管理的船舶中，全面技术管理船舶共计4 398艘，同比增长3.3%，占比71.4%；只派遣船员管理的船舶共计1 762艘，同比上升8.0%，占比28.6%。

新加坡通过优惠的税收政策，吸引众多国际著名船舶管理公司入驻。全球船舶管理数量排名前十的船舶管理公司均在新加坡设有总部、地区性总部或分公司。全球前十大船舶管理公司中，有三家总部位于新加坡，分别是Synergy、Wilhelmsen和Thome，占前十大船舶管理公司管理船舶总数的22.1%。2022年，新加坡共有376家船舶管理公司，其中位居全球前十的3家船舶管理公司管理的船队规模达到1 304艘，同比减少175艘。

中英船舶管理公司（Anglo-Eastern Univan Group）总部位于中国香港，由Anglo-Eastern Group与Univan船舶管理公司于2015年合并而成。这两家公司均于40多年前在香港成立，为全球船舶所有人和投资人提供专业的船舶管理服务，合并后的中英船舶管理公司成了业内最大的技术船舶管理公司之一。该集团旗下管理着超过700艘船只，拥有约2万名船员和1 500名岸上员工，提供技术管理、船员管理、船员教育和培训、新船咨询及其他各项服务。其服务网络遍布全球，通过遍布全球的子公司和分支，向大部分的货船和近海船只提供全方位的服务。

三、船舶经纪

经过一轮的市场调整后，全球主要船舶经纪公司的市场地位发生一些变化。2022年，全球前三大船舶经纪公司分别是克拉克森、百力马和豪罗宾逊。其中，克拉克森已在全球拥有63个办事处，经纪人253人，年总收入为6.03亿英镑，同比增长36.2%；百力马拥有30个办事处，经纪人388人，年总收入为1.01亿英镑，同比下降9.4%；辛普森拥有24个办事处，经纪人201人。

第五章　我国海运供应链要素发展分析——监管与保障端

第一节　监管与保障制度

一、相关法律法规与行政规定

海运供应链涉及国内、国际多重主体、多重环节，对其监管与保障依据不同法律法规，这些法规旨在规范国际海上货物运输、船舶航行安全、港口管理、海洋环境保护等诸多方面，从运营管理、船员管理、航行安全管理、危险品管理、环境保护与港口管理等方面对海运供应链平稳健康发展提供监督与保障，主要包括《中华人民共和国海商法》《中华人民共和国国际海运条例》《国内水路运输管理条例》《中华人民共和国港口法》等（表5-1）。

表 5-1　相关法律法规与行政规定

类别	名称	发布或修订时间
运营管理	《中华人民共和国海商法》	1992.11
	《中华人民共和国国际海运条例》	2023.07
	《国内水路运输管理条例》	2017.03
	《中华人民共和国船舶登记条例》	2014.07
	《交通部关于加强国内水路客运液货危险品运输市场准入管理的通知》	2006.11
	《国内水路运输管理规定》	2020.02
	《中华人民共和国船舶安全营运和防止污染管理规则》	2001.07
	《中华人民共和国船舶登记办法》	2016.12

续表

类别	名称	发布或修订时间
船员管理	《中华人民共和国船员条例》	2020.03
	《中华人民共和国海船船员适任考试和发证规则》	2022.04
航行安全管理	《中华人民共和国海上交通安全法》	2021.04
	《中华人民共和国内河交通安全管理条例》	2019.03
	《中华人民共和国船舶和海上设施检验条例》	2019.03
	《船舶检验管理规定》	2016.01
危险品管理	《危险化学品安全管理条例》	2013.12
	《船舶载运危险货物安全监督管理规定》	2018.07
环境保护	《中华人民共和国海洋环境保护法》	2023.10
	《中华人民共和国大气污染防治法》	2018.01
	《防治船舶污染海洋环境管理条例》	2018.03
	《中华人民共和国防治船舶污染内河水域环境管理规定》	2022.09
	《船舶大气污染物排放控制区实施方案》	2018.11
	《2020年全球船用燃油限硫令实施方案》	2019.01
港口管理	《中华人民共和国港口法》	2018.12

《中华人民共和国海商法》（以下简称海商法）是为了调整海上运输关系、船舶关系，维护当事人各方的合法权益，促进海上运输和经济贸易的发展而制定的。海商法是国际海商活动的基本法律框架，旨在规范海上运输、船舶租赁、货物买卖等方面的法律关系。该法规涵盖了多个方面，其中包括但不限于以下几方面。海上运输关系调整：海商法规定了各种海上运输合同的订立、履行、变更和解除等相关法律规定，以确保货物的安全运输和运输过程中的权益保障。例如，海运合同的签订、运费支付、货物交付等环节都受到法律的明确规范，以防止纠纷的发生，保障当事人的合法权益。船舶关系维护：海商法对船舶的登记、抵押、扣押、拍卖等事项做出了详细规定，保障了船舶所有权人和抵押权人的合法权益。同时，针对船舶的安全管理、船员劳动保护等方面也有相关法律规定，以确保船舶运营的安全和合法性。当事人权益保护：海商法强调保护当事人的合法权益，包括船东、承运人、货主等各方。在合同履行

过程中，如果一方违约，另一方可以依据法律规定寻求救济，维护自身权益。同时，海商法还规定了海上货物的运输责任、赔偿责任等内容，确保当事人在海运过程中的权益得到充分保障。经济贸易发展促进：海商法的制定旨在促进海上运输和经济贸易的发展。通过规范海运市场秩序，提升运输效率，降低运输成本，进一步推动海运业的健康发展，促进经济贸易的繁荣。因此，《中华人民共和国海商法》是中国海运供应链中的重要法律基础，通过对海上运输关系、船舶关系等方面进行规范和保障，维护各方当事人的合法权益，促进海运业和经济贸易的发展。

《中华人民共和国国际海运条例》是为了规范国际海上运输活动，保护公平竞争，维护国际海上运输市场秩序，保障国际海上运输各方当事人的合法权益而制定的。该条例涵盖了多个方面的监管与保障内容，包括海上货物运输合同的订立、履行和解除程序，明确了各方的权利和义务，确保了合同的有效履行；条例还明确了海上货物运输责任与赔偿的相关规定，提供了明确的责任分担和赔偿机制，有效保障了货主等当事人的权益。同时，该条例对船舶经营者的义务和责任作了详细规定，为他们提供了明确的行为指南；最后，该条例还包含了国际海上运输市场的监管与管理内容，有助于建立健全的市场秩序，提高市场竞争力，推动海运供应链的进一步发展。

《国内水路运输管理条例》的制定旨在规范和管理国内水路运输的经营行为，保障国内水路运输安全，促进国内水路运输业的健康发展。该条例涵盖了多个方面的监管与保障内容，规定了国内水路运输经营者的注册登记、运输经营许可、运输合同的订立和履行等程序，明确了各方的权利和义务，从而保障了海运供应链中各环节的合法进行。条例明确了国内水路运输中的安全管理要求，包括船舶设备的安全标准、船员的培训和资质要求等，以保障海运供应链中货物运输过程中的安全，防范事故发生，保障人员和财产安全。条例还规定了国内水路运输的监督管理机制，包括运输监督检查、违法违规行为处罚等，以确保海运供应链中的市场秩序良好和规范，保障各方当事人的合法权益。

《中华人民共和国船舶登记条例》涵盖了多个方面的监管与保障内容，旨在确保船舶登记的合法性和规范性，进而为海运供应链提供有力的监管与保障。条例规定了船舶登记的程序和要求，明确了登记机构的权限和责任，以确保船舶登记的合法性和透明性。同时，该条例还规定了船舶登记的效力和变更程序，确保了船舶登记信息的准确性和及时性。此外，条例还规定了船舶登记的监督管理机制，包括对登记机构的监督检查和违法违规行为的处罚等，以确保船舶登记工作的规范和有效进行。

《中华人民共和国船员条例》是为了加强船员管理，提高船员素质，维护船员的合法权益，保障水上交通安全，保护水域环境而制定的。该条例充分考虑了海运供应链的特殊性和重要性，确保船舶登记工作的合法性、规范性和有效性。条例明确了船舶登记的申请程序和要求，包括申请材料的提交、登记机构的审查和登记结果的通知等流程，以确保登记过程的公正和透明。同时，条例规定了船舶登记信息的管理和保护措施，防止信息泄露和滥用，保障登记信息的安全和完整。这些措施直接影响了海运供应链中船舶的合法性和透明度，为供应链各方提供了可靠的基础信息。条例还强调了对登记机构的监督管理机制，包括定期检查和违规行为的处罚等措施，以确保登记工作的规范和有效进行，为海运供应链中的各方当事人提供了保障，确保他们的合法权益得到充分的保护，为供应链的稳定运行提供了重要保障。

《中华人民共和国海上交通安全法》旨在应对海上交通领域面临的各种挑战和问题，确保海上交通活动的有序进行，并有效应对突发情况，保障海上人员和财产的安全。通过该法的实施，规范海上交通行为，加强对海上交通活动的监管和管理，提高海上交通安全水平，确保海上交通的正常运行和国家利益的维护。

《船舶载运危险货物安全监督管理规定》是为加强船舶载运危险货物监督管理，保障水上人命、财产安全，防治船舶污染环境，依据《中华人民共和国海上交通安全法》《中华人民共和国港口法》《中华人民共和国内河交通安全管理条例》《中华人民共和国危险化学品安全管理条例》等法律、行政法规而制定的。本规定旨在建立健全的监督管理体系，规范危险货物的装载、运输和卸载等环节，确保船舶携带危险货物的安全性和合法性。此外，该规定还强调了危险货物运输过程中的监督检查和事故应急处理等方面的要求，以应对潜在的安全风险和环境污染问题。

《防治船舶污染海洋环境管理条例》是为了防治船舶及其有关作业活动污

染海洋环境，根据《中华人民共和国海洋环境保护法》而制定的。该条例的实施，旨在加强对船舶污染排放的监管，规范船舶在海洋环境中的行为。该条例还规定了对船舶污染防治技术和装备的要求，推动船舶运输行业向更加环保、可持续的方向发展，以保障海洋环境的健康与安全。这一法律的制定不仅有助于提升海运业的监管水平，更为海运供应链的可持续发展提供了重要支持，促进了海洋环境的保护和海洋资源的合理利用。

《中华人民共和国港口法》旨在加强对港口的管理，维护港口的安全和经营秩序，保护当事人的合法权益，促进港口的建设与发展。该法律不仅关乎港口的运营管理，也涉及海运供应链的监管与保障。《中华人民共和国港口法》建立健全了的港口管理体系，明确了港口经营主体的责任和义务，加强了对港口安全、设施设备、水域清洁等方面的监管。这不仅有助于提升港口的安全性和效率，也为海运供应链的顺畅运转提供了保障。此外，该法还规定了对港口运输服务的质量要求，包括货物装卸、码头作业等环节，从而保障了海运货物的安全运输。通过该法的实施，能够确保港口的合法经营和公平竞争，为海运业的健康发展提供有力支持，进而推动海运供应链的稳定和持续发展。

二、国际有关公约及规定

国际上的海运法律法规由多个组织制定。其中，《联合国海洋法公约》是国际海洋法的基础，由联合国制定。此外，国际海事组织（IMO）是联合国下属的专门机构，负责制定和推广有关船舶安全、防止污染、船员培训等方面的国际条约和规则。此外，各国政府也会制定自己的海运法律法规，以确保本国航运业的安全和发展（表5-2）。

表 5-2　国际有关公约及规定

名　称	发布或修订时间
《联合国海洋法公约》	1982.12
《联合国船舶司法出售国际效力公约》	2022.12
《联合国全程或者部分海上国际货物运输合同公约》	2008.12

续表

名　　称	发布或修订时间
《联合国国际贸易运输港站经营人赔偿责任公约》	1991.04
《联合国海上货物运输公约》	1978.03
《国际船舶扣押公约》	1999.03
《国际海事留置权和抵押公约》	1993.05
《联合国班轮公会行动守则公约》	1974.04
《国际船舶和港口设施保安规则》	2004.07
《国际海上人命安全公约》	1996.12
《制止危及海上航行安全非法行为公约》	1988.03

　　《联合国海洋法公约》规定了领海、毗连区、专属经济区、大陆架、公海等海域的划分和使用规则，以及海洋环境保护、科学研究、技术转让等方面的问题。通过该公约，在顾及所有国家主权的情形下，为海洋建立一种法律秩序，以便利国际交通和促进海洋的和平用途。《联合国海洋法公约》是国际海洋法的核心文件之一，与海运供应链密切相关。该公约确保了航行自由原则，规定了各国领海内的管辖权，并对海洋环境保护、海底资源开发、船舶拥有权等方面做出了规定。这些规定影响着海运船舶的自由航行、国际航运活动的合法性及海洋资源的开发和保护，为海运供应链提供了法律保障，促进了海洋事务的有序发展。

　　《联合国船舶司法出售国际效力公约》（又称《船舶司法出售北京公约》），建立了一个赋予司法出售以国际效力的国内法的统一制度。通过确保购买人在国际航行船舶上所获物权的法律确定性，该公约力求最大限度地提高船舶在市场上所能争取到的价格和可用于分配给债权人的收益，并力求促进国际贸易。该公约是为了促进国际贸易中船舶的交易和转让，与海运供应链有着直接关联。该公约规定了船舶的司法出售程序和相关法律程序，以及在跨国船舶交易中的权利和义务。通过该公约，国际船舶交易的法律程序更加规范，为海运供应链的船舶转让和交易提供了稳定的法律框架和保障。此外，该公约还规定了司法出售程序中船舶的所有权转移等相关事宜，为海运供应链的船舶所有权变更提供了明确的法律规定，有助于保障海运市场的稳定和健康发展。

因此,《联合国船舶司法出售国际效力公约》对于海运供应链的船舶交易和转让具有重要意义。

《联合国全程或者部分海上国际货物运输合同公约》为托运人和承运人提供了一种有约束力且平衡的普遍制度,以支持可能涉及其他运输方式的海运合同的运作。这个公约确立了国际海上货物运输合同的法律规范和原则,涉及货物的承运、交付和收货等环节。它规定了货物运输过程中各方的权利和责任,包括运输过程中货物损坏或丢失时的责任转移机制。此外,公约还涉及运输单据的发放和货物保险等方面的规定,为海运供应链的运输流程提供了法律保障。

《联合国海上货物运输公约》确立了关于托运人、承运人和收货人在海上货物运输合同下的权利和义务。该公约于1992年11月1日生效,规定了国际海上货物运输合同的法律框架和原则,包括货物的承运、交付和收货等方面。它明确了承运人、托运人和收货人之间的权利和责任,以及货物损失或损坏时的责任转移机制。此外,该公约还涉及货物运输单据的发放、货物运输保险等方面的规定。

《国际海事组织法规》:国际海事组织(IMO)是联合国的专门机构,负责制定和维护国际海运业的安全、环境和操作标准。该法规包括国际海上安全规则(SOLAS)、国际船舶和港口设施安全法规(ISPS)、国际船舶污染防治法规(MARPOL)等,涵盖了国际航运的各个方面,如船舶设计、建造、航行、运营等。此外,IMO还制定了一系列危险货物运输规则,以确保危险货物在运输过程中得到妥善处理。

第二节　监管与保障机构

一、中华人民共和国交通运输部

中华人民共和国交通运输部,简称交通运输部,涉及海运供应链监管职责的主要为其中的水运局、海事局、海上搜救中心、国际合作司等。

（一）交通运输部水运局

交通运输部水运局是交通运输部内设机构，属于国家行政机关。该局负责水路建设和运输市场监管工作，拟订水路工程建设、维护、运营和水路运输、航政、港政相关政策、制度和技术标准并监督实施；负责国家重点水路工程设计审批、施工许可、实施监督和竣工验收工作；负责港口、航道及设施、通航建筑物、引航管理工作；负责船舶代理、理货、港口设施保安、无船承运、船舶交易等管理工作；负责国际和国境河流运输及航道管理工作；负责起草水路有关规费政策并监督实施；负责对台运输管理工作；负责组织协调国家重点物资运输和紧急客货水路运输；负责起草港口安全生产政策和应急预案，组织实施应急处置工作。

（二）中华人民共和国海事局

中华人民共和国海事局为交通运输部直属行政机构，实行垂直管理体制，其主要履行水上交通安全监督管理、船舶及相关水上设施检验和登记、防止船舶污染和航海保障等行政管理和执法职责，拟订和组织实施国家水上交通安全监督管理、船舶及相关水上设施检验和登记、防治船舶污染和航海保障的方针、政策、法规和技术规范、标准。①统一管理水上交通安全和防治船舶污染：监督管理船舶所有人安全生产条件和水运企业安全管理体系；调查、处理水上交通事故、船舶污染事故及水上交通违法案件；指导船舶污染损害赔偿工作。②负责船舶、海上设施检验行业管理以及船舶适航和船舶技术管理；管理船舶及海上设施法定检验、发证工作；审定船舶检验机构和验船师资质、负责对外国验船组织在华设立代表机构进行监督管理；负责中国籍船舶登记、发证、检查和进出港（境）签证；负责外国籍船舶入出境及在我国港口、水域的监督管理；负责船舶保安和防抗海盗管理工作；负责船舶载运危险货物及其他货物的安全监督。③负责船员、引航员、磁罗经校正员适任资格培训、考试、发证管理；审核和监督管理船员、引航员、磁罗经校正员培训机构资质及其质量体系；负责海员证件的管理工作。④管理通航秩序、通航环境：负责禁航区、航道（路）、交通管制区、锚地和安全作业区等水域的划定；负责禁航区、航道（路）、交通管制区、锚地和安全作业区等水域的监督管理，维护水上交通秩序；核定船舶靠泊安全条件；核准与通航安全有关的岸线使用和水上水下施工、作业；管理沉船沉物打捞和碍航物清除；管理和发布全国航行警（通）告，办理国际航行警告系统中国国家协调人的工作；审批外国籍船舶临时进入我国非开放水域；办理港口对外开放的有关审批工作和中国便利运输委员会的日常工作。⑤负责航海保障工作；管理沿海航标、无线电导航和水上安全通信；管理海区港口航道测绘并组织编印相关航海图书资料；归口管理交通行业测绘工作；承担水上搜寻救助组织、协调和指导的有关工作。⑥组织实施国际海事条约；履行"船旗国""港口国"及"沿岸国"监督管理义务，依法维护国家主权；负责有关海事业务国际组织事务和有关国际合作、交流事宜。

（一）中国海上搜救中心

中国海上搜救中心是联席会议的办事机构，负责联席会议的日常工作。联席会议设联络员工作组，由联席会议成员单位的有关司局负责同志担任联络员，中国海上搜救中心负责召集联络员工作组会议。其主要职能包括：与交通运输部应急办公室合署办公，负责部应急管理日常工作和应急总值班工作；负责部应急信息统计、分析等工作，履行应急值守、信息汇总、综合协调、对外联系等职责；负责国家海上搜救和国家重大海上溢油部际联席会议的日常工作；负责起草海上搜救和重大海上溢油有关政策法规，制定有关规章制度；会同有关部门编制国家重大海上溢油应急能力建设规划，提出国家重大海上溢油应急能力建设的意见；会同有关部门建立健全国家海上溢油信息共享平台；负责组织、协调、指挥重大海上搜救和重大海上溢油应急处置工作和重要通航水域清障工作；指导、监督地方人民政府和相关企业海上搜救和溢油应急处置工作；负责防抗海盗有关工作；负责全国船舶和港口设施的保安报警接收和保安信息联络工作。

（四）交通运输部国际合作司

交通运输部国际合作司是负责管理和促进交通运输领域国际合作与参与的政府机构。它在促进全球范围内与运输相关的外交、贸易和基础设施发展方面发挥着至关重要的作用。其主要职能包括：负责拟订公路、水路国际合作交流政策和相关事务，承担有关外事工作；负责组织有关国际公约的履约和协定的执行工作；负责对港、澳、台合作交流相关事务；统筹协调交通运输国际合作与交流有关事项。

二、中华人民共和国海关总署

中华人民共和国海关总署是国务院直属机构，主要职责是负责全国海关工作、组织推动口岸"大通关"建设、海关监管工作、进出口关税及其他税费征收管理、出入境卫生检疫、出入境动植物及其产品检验检疫、进出口商品法定检验、海关风险管理、国家进出口货物贸易等海关统计、全国打击走私综合治理工作等。

海关总署下属的各级海关在海运供应链中主要监管货物的进出口、运输、仓储、加工等环节，以确保货物的安全、合规和顺畅。进出口环节中海关会对进出口货物进行监管，包括进出口货物的安全、质量、数量、规格、价值、产地、目的地、品牌、型号等信息，以及货物的报关、报检、查验、放行等环节。此外，海关还会对进出口企业的资质、信用等方面进行监管。运输环节中海关会对货物的运输工具、运输路线、运输方式等方面进行监管，以确保货物在运输过程中的安全和合规。仓储环节中海关会对货物的仓储环节进行监管，包括仓库的设施、管理等方面。

三、中华人民共和国商务部

中华人民共和国商务部（简称商务部）作为国务院的重要组成部门，承担着促进国内外贸易和国际经济合作的重任。在海运供应链监管与保障方面，商务部负责制定并调整我国的进出口政策，包括关税、非关税措施、贸易协定等，以促进我国对外贸易的健康发展。在海运供应链中，这些政策对于调节进出口货物的流量、优化贸易结构、提高贸易效率具有至关重要的作用。此外，商务部通过制定和执行进出口政策、管理与协调对外贸易秩序、推动服务贸易发展、参与国际经济合作与谈判及指导与监督地方商务工作等措施，为我国海运供应链的安全、合规和高效运行提供了有力保障。

四、国务院国有资产监督管理委员会

国务院国有资产监督管理委员会（简称国资委）是国务院直属特设机构。国资委主要是根据国务院授权，依照《中华人民共和国公司法》等法律和行政法规履行出资人职责，指导推进国有企业改革和重组；对所监管企业国有资产的保值增值进行监督，加强国有资产的管理工作；推进国有企业的现代企业制度建设，完善公司治理结构；推动国有经济结构和布局的战略性调整。作为国务院在国有资产监管方面的代表机构，国资委在保障我国海运供应链的安全与稳定方面主要通过监管国有涉海运供应链企业来确保供应链稳定。涉及海运供应链的国有企业涵盖了港口运营、船舶制造、货物运输等多个环节，国资委通过制定和执行严格的监管政策，确保这些企业在海运供应链中的运营活动符合国家发展总体需要，保障供应链的稳定运行。

五、中华人民共和国外交部

中华人民共和国外交部（简称外交部）是中华人民共和国政府的外交机关，是中华人民共和国国务院内主管外交事务的组成部门，负责处理中华人民共和国政府与世界其他国家政府及政府间国际组织的外交事务。作为我国对外交往的重要窗口，外交部在海运供应链的监管与保障方面发挥着不可或缺的作用，通过参与国际海运规则制定、推动双边与多边合作、处理涉外事务、开展公共外交活动以及加强与国际组织的联系与合作等措施，为我国海运供应链的安全、稳定、高效运行提供了有力保障。

第六章　海运供应链时空演变

第一节　集装箱海运供应链时空演变

一、集装箱吞吐量变化情况

2022年，全国港口集装箱吞吐量累计完成29 587万标准箱，同比增速4.7%，较2013年全国港口集装箱吞吐量19 021万标准箱，增长55.54%，主要港口集装箱吞吐量较2013均实现大幅增长（图6-1所示），集装箱海运供应链在量级上呈现显著增长。港口端呈现不同发展态势，吞吐量排名前十的集装箱港口略有变化（表6-1）。目前我国集装箱运输线路布局逐渐优化，各大港口在世界各地都开通了多条主要航线和支线。随着电商物流行业蓬勃发展，海运公司对"一带一路"沿线国家和地区的布局力度不断加大，快递物流行业的集装箱货运量占比持续提高，2022年集装箱货运量占全国集装箱货运总量的比重就达到了26.2%。我国集装箱运输业在快速发展的同时，不仅促进了贸易发展，还带动了船舶、港口、物流等相关产业的发展，形成了庞大的产业链。

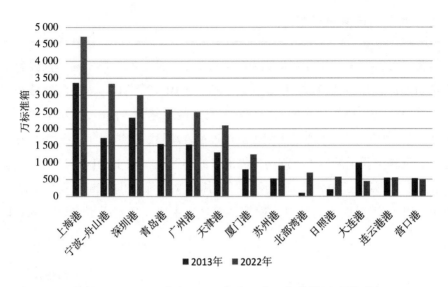

图 6-1　2013 年与 2022 年主要港口集装箱吞吐量对比

表 6.1　2013 年和 2022 年全国前十港口集装箱吞吐量对比

排名	2013 年		2022 年	
	港口	吞吐量 / 万标准箱	港口	吞吐量 / 万标准箱
1	上海港	3 362	上海港	4 730
2	深圳港	2 328	宁波—舟山港	3 335
3	宁波—舟山港	1 733	深圳港	3 004
4	青岛港	1 552	青岛港	2 567
5	广州港	1 531	广州港	2 486
6	天津港	1 300	天津港	2 102
7	大连港	991	厦门港	1 243
8	厦门港	801	苏州港	908
9	连云港港	549	北部湾港	702
10	营口港	530	日照港	580

二、集装箱运输航线变化

连通性是港口参与国际贸易能力的重要决定因素。联合国贸易和发展会议发布的班轮运输连通性指数（LSCI），是衡量各国及其港口融入国际贸易水平的一个指标。LSCI越高，表明参与国际贸易的能力越强。图6-2显示了2013—2023年中国LSCI的演变[通过集装箱航运连通性衡量，选取每年一季度（Q1）数据]，反映了我国港口十年间与世界港口的连通性，除了2014年与2017年小幅降低外，均实现了平稳增长，反映了整体集装箱航线的不断增强与拓展。表明我国不仅拥有更大的港口连通性，而且比主要竞争对手更快地改善了其连通性。

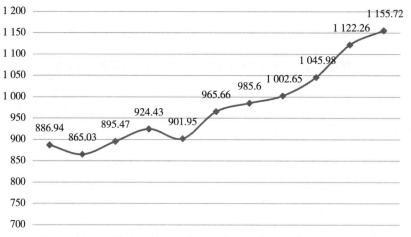

图6-2　2013—2023年（Q1数据）中国LSCI数据

从双边连通指数情况来看，由于数据受限，对比2013年一季度与2021年一季度我国与所有存在数据国家的双边班轮运输连通性指数（LSBCI），在可获取数据的158个国家中，2013年与2021年对比，发生变化的国家有36个，其中连通系数提升的国家有28个，降低的国家有8个，如表6-2所示。其中卡塔尔是增长最为显著的国家，连通系数增长了100%，"一带一路"倡议沿线国家增长较为明显。

表 6-2　我国与连通国家 LSBCI 数据对比

我国与连通国家 LSBCI 数据		2013 年	2021 年
下降国家	塞浦路斯	0.3	0.2
	加蓬	0.3	0.2
	莫桑比克	0.3	0.2
	新喀里多尼亚	0.3	0.2
	俄罗斯	0.4	0.3
	特立尼达和多巴哥	0.3	0.2
	委内瑞拉	0.3	0.2
	也门	0.3	0.2
上升国家	智利	0.3	0.4
	哥伦比亚	0.3	0.4
	丹麦	0.3	0.4
	厄瓜多尔	0.3	0.4
	埃及	0.4	0.5
	加纳	0.3	0.4
	危地马拉	0.2	0.3
	印度	0.4	0.5
	伊拉克	0.2	0.3
	以色列	0.3	0.4
	肯尼亚	0.2	0.3
	黎巴嫩	0.3	0.4
	马来西亚	0.5	0.6
	摩洛哥	0.4	0.5
	巴基斯坦	0.3	0.4
	巴布亚新几内亚	0.2	0.3
	秘鲁	0.3	0.4
	波兰	0.3	0.4
	卡塔尔	0.2	0.4
	沙特阿拉伯	0.4	0.5
	新加坡	0.5	0.6
	斯里兰卡	0.4	0.5
	瑞典	0.3	0.4
	坦桑尼亚	0.2	0.3
	多哥	0.3	0.4
	英国	0.4	0.5
	美国	0.5	0.6
	越南	0.4	0.5

第二节　主要散货、商品汽车运输海运供应链时空演变

一、煤炭

我国作为全球最大的全品类供应链供应商，70%的电厂需要通过煤炭进行火力发电。煤炭是18世纪以来人类世界使用的主要能源之一，进入21世纪以来，虽然煤炭的价值大不如从前，但在目前和未来很长的一段时间之内还是人类生产生活必不可缺的能量来源之一，煤炭的供应关系到我国的工业乃至整个社会方方面面的发展稳定。从进口量来看，2013年全国煤炭市场宽松，呈现结构性过剩态势，进口数量多达2.67亿吨。2013—2015年进口量持续下降，但2015年以来，我国煤炭进口量呈波动上涨态势。根据《世界能源统计评论》相关机构数据显示，2020年中国煤炭进口量全球第一，为2.05亿吨，较2019年的1.97亿吨同比增长3.8%。到2021年，中国煤炭进口量为2.04亿吨，较2013年下降23.6%（图6-3）。

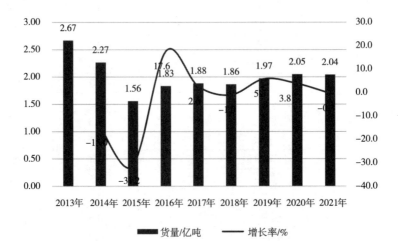

图 6-3　2013—2021 年中国煤炭进口量及增长率

从进口国来看，2021年煤炭进口量排第一位的是印度尼西亚。与2013年相比，2021年我国进口印尼煤炭8 773.2万吨，同比增长27.4%。在几乎完全停

止进口澳大利亚的煤炭后，澳大利亚从2013年的第一进口国家跌至2021年的第四，下降86.7%，俄罗斯一跃成为我国第二大煤炭进口国。目前，俄罗斯煤炭的占比已经达到了24.8%。为了解决优质煤炭供应和补充的问题，满足东南沿海地区用煤需求仍需要保持一定数量的进口煤来调剂和补充，我国不仅扩大了与现有贸易伙伴的煤炭交易，还从南非和莫桑比克、哥伦比亚等非传统市场进口煤炭，扩大与哈萨克斯坦、缅甸等小型出口国的贸易（表6-3、图6-4、图6-5）。

表6-3　2013年和2021年进口煤炭来源国（前十）

排名	2013年		2021年	
	国家	进口量/万吨	国家	进口量/万吨
1	澳大利亚	8 818.9	印度尼西亚	8 773.2
2	印度尼西亚	6 769.4	俄罗斯	5 462.4
3	俄罗斯	2 721.6	蒙古	1 602.9
4	蒙古	1 733.0	澳大利亚	1 171.1
5	朝鲜	1 653.2	美国	1 058.5
6	越南	1 311.2	加拿大	1 043.3
7	南非	1 274.3	南非	687.1
8	加拿大	1 196.9	哥伦比亚	420.2
9	美国	845.8	莫桑比克	97.0
10	菲律宾	87.4	哈萨克斯坦	54.2

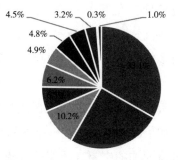

图6-4　2013年中国进口煤炭来源分布

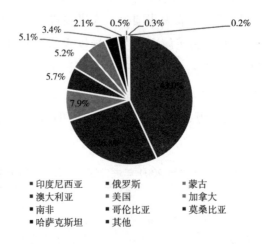

图 6-5 2021 年中国进口煤炭来源分布

由于进口量与进口来源国均发生显著改变，煤炭海运供应链发生较大变化，承担运输量显著下降，海运供应链范围较2013年进一步扩大。

二、原油及成品油

（一）原油

从2001年起，我国的原油消费及进口量在快速增长，其进口量连涨20年，更是在2017年以全年原油进口量4.2亿吨，一举超过美国的3.95亿吨，首次成为全球最大的原油进口国。然而，"双碳"背景下的企业转型升级、不断上涨的原油价格、现货溢价的市场结构，使得我国原油进口量在2021年迎来近20年来的首度下滑。2021年的原油进口量从2020年的5.42亿吨下降至5.13亿吨，降幅达5.4%。根据中国海关发布的数据，2013年我国进口原油总量为2.82亿吨，而2021年则为5.13亿吨，增加了82%。我国进口原油的主要来源国在过去十年中有所变化。2013年我国进口原油的主要来源国是沙特阿拉伯、俄罗斯和安哥拉。2021年，我国进口原油的主要来源国是沙特阿拉伯、俄罗斯和伊朗。从俄罗斯进口的原油量从2013年的2 435万吨增加到2021年的7 964万吨，成为中国原油进口的主要来源国。沙特阿拉伯和伊朗原油的进口量也在过去十年中有所增加（表6-4、图6-6、图6-7）。

表 6-4　2013 年和 2021 年中国进口原油来源国（前十）

排名	2013 年		2021 年	
	国家	进口量 / 万吨	国家	进口量 / 万吨
1	沙特阿拉伯	5 390.3	沙特阿拉伯	8 756.8
2	安哥拉	4 001.0	俄罗斯	7 964.2
3	阿曼	2 547.0	伊拉克	5 407.9
4	俄罗斯	2 434.8	阿曼	4 481.5
5	伊拉克	2 351.3	安哥拉	3 915.5
6	伊朗	2 141.2	阿拉伯联合酋长国	3 193.8
7	委内瑞拉	1 555.2	巴西	3 030.1
8	哈萨克斯坦	1 198.1	科威特	3 016.3
9	阿拉伯联合酋长国	1 027.6	马来西亚	1 853.5
10	科威特	934.3	挪威	1 319.0

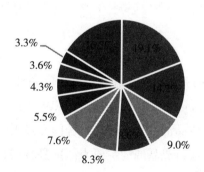

图 6-6　图 2013 年中国进口原油来源分布

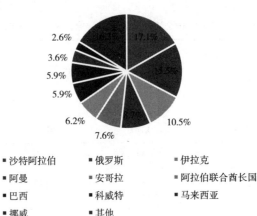

图 6-7　图 2021 年中国进口原油来源分布

2013 年，除了主要进口来源国之外，我国还从阿曼、科威特、阿联酋、刚果（布）、卡塔尔等国进口原油。2021 年，除了主要进口来源国之外，我国的进口来源国有所变化，主要是加拿大、巴西、马来西亚、几内亚等国家。

总体来说，我国原油海运供应链运输量在过去十年中持续增加，但从俄罗斯进口的原油一部分是由管道运输承担，分担了一部分海运供应链运量，此外我国原油的进口来源国不断增加，海运供应链整体空间变化较为明显。

（二）成品油

不同于原油进口量保持持续增长趋势，我国成品油进口量反而呈下降趋势。2021 年我国成品油进口量为 2 712 万吨，与 2013 年相比下降 31.5%。

从进口国别看，我国成品油的主要进口来源国在过去十年中有所变化。根据海关数据，2013 年我国进口成品油的主要来源国是韩国、俄罗斯和新加坡。2021 年，我国进口成品油的主要来源国是马来西亚、韩国和阿联酋。新加坡成了中国进口成品油的最大来源国，并且在过去十年中，中国从新加坡进口的成品油数量一直呈上升趋势。马来西亚和印度尼西亚也成了中国成品油进口的主要来源国之一。除了主要进口来源国之外，中国的进口成品油也来自一些次要来源国。2013 年，中国的次要进口来源国主要是美国、荷兰、沙特阿拉伯等。2021 年，中国的次要进口来源国主要是泰国、美国、荷兰、日本、韩国等（表

6–5、图6–8、6–9）。

表 6–5　表 2013 年和 2021 年中国进口成品油来源国（前十）

排名	2013 年		2021 年	
	国家	进口量 / 万吨	国家	进口量 / 万吨
1	韩国	871.8	马来西亚	801.5
2	俄罗斯	585.6	韩国	481.7
3	新加坡	569.8	阿联酋	282.7
4	马来西亚	415.1	新加坡	272.0
5	委内瑞拉	385.3	俄罗斯	227.6
6	日本	170.0	阿尔及利亚	124.9
7	伊朗	159.6	卡塔尔	121.5
8	印度尼西亚	149.7	埃及	45.2
9	泰国	119.8	印度	43.3
10	哈萨克斯坦	96.6	日本	38.4

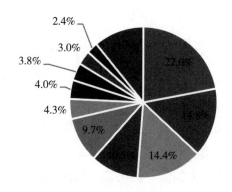

■ 韩国　　■ 俄罗斯　　■ 新加坡　　■ 马来西亚

■ 委内瑞拉　■ 日本　　■ 伊朗　　■ 印度尼西亚

■ 泰国　　■ 哈萨克斯坦　■ 其他

图 6–8　2013 年中国进口成品油来源分布

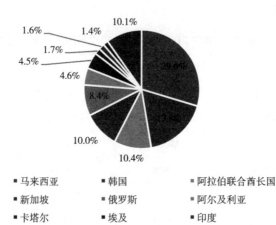

图例：

- 马来西亚
- 韩国
- 阿拉伯联合酋长国
- 新加坡
- 俄罗斯
- 阿尔及利亚
- 卡塔尔
- 埃及
- 印度
- 日本
- 其他

图6-9　2021年中国进口成品油来源分布

　　总体来说，由于我国成品油进口量在过去十年中持续下降，海运供应链承担运输量显著下降，并且由于进口来源国也发生了较大的变化，新加坡成了中国成品油的最大进口来源国，马来西亚和印度尼西亚也成了中国成品油进口的主要来源国之一，海运供应链结构发生了较大变化。

三、液化天然气

　　近年来，我国天然气行业迅速发展，天然气消费持续快速增长，其在国家能源体系中的重要性不断提高。但是我国天然气储量较低，2019年我国天然气查明储量为8.4万亿立方米，占全球比重仅为4.23%，因此我国天然气大量依赖进口。截至2021年，我国超过日本成为全球最大的液化天然气进口国。这主要归因于中国经济发展稳健，对天然气强劲的需求，加上长距离运输的增加有效提振了液化天然气的吨海里运输需求。据统计，2021年我国液化天然气进口量为0.79亿吨，同比增长17.37%（图6-10）。

　　从液化天然气的进口量看，2013年我国总进口1 800万吨，到了2021年，我国进口液化天然气的总量达7 879万吨。从进口来源国看，我国进口液化天然气的来源国超过20个。2013年，我国进口液化天然气来源国占比最大的是卡塔尔，澳大利亚、马来西亚、印度尼西亚紧随其后。到了2021年，为了落实"碳达峰碳中和"政策，我国积极拓宽液化天然气的进口渠道，澳大利亚成为我国进口液化天然气占比最大的国家，美国以微弱优势反超卡塔尔。另外，马来西亚、印度尼西亚、巴布几内亚都是我国进口液化天然气的常规来源国，进口量较为稳定（表6-6、图6-11、图6-12所示）。

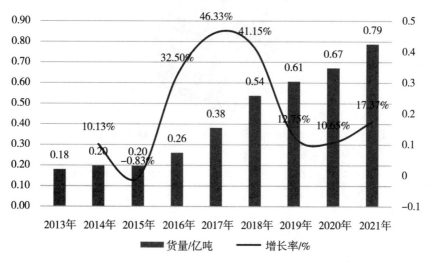

图 6-10　2013—2021 年我国液化天然气进口情况

表 6-6　2013 年和 2021 年中国进口液化天然气来源国（前十）

排名	2013 年		2021 年	
	国家	进口量 / 吨	国家	进口量 / 吨
1	卡塔尔	6 761 645	澳大利亚	31 101 832
2	澳大利亚	3 556 624	美国	8 983 014
3	马来西亚	2 657 731	卡塔尔	8 977 802
4	印度尼西亚	2 431 189	马来西亚	8 233 158
5	也门	1 117 759	印度尼西亚	5 108 782
6	埃及	425 796	俄罗斯	4 518 115
7	赤道几内亚	399 103	巴布亚新几内亚	3 162 701
8	尼日利亚	365 228	阿曼	1 622 724
9	特立尼达和多巴哥	108 401	尼日利亚	1 521 480
10	安哥拉	64 104	埃及	1 311 981

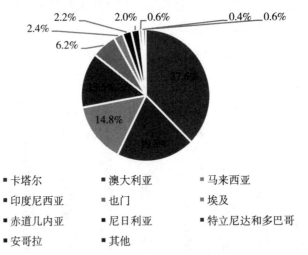

图 6-11 2013 年中国液化天然气进口来源分布

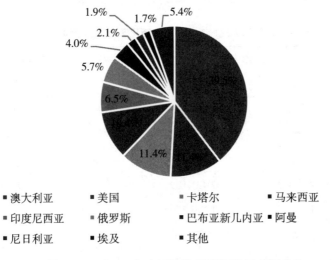

图 6-12 2021 年中国液化天然气进口来源分布

与成品油海运供应链的情况类似，液化天然气海运供应链也存在运量大幅提升与空间分布明显变化的特征。

四、铁矿石

我国是世界上最大的钢铁生产和消费国，但由于国内铁矿石品位较低、产量低、开采难度大且极易造成环境污染，完全无法满足国内钢厂日益增长的生产需求，因此我国需大量进口铁矿石。根据海关总署统计数据，2017年以来，我国铁矿石进口量整体呈增长态势。截至2022年12月，我国累计进口铁矿石11.07亿吨，同比减少0.17亿吨，下降1.52%（图6-13）。

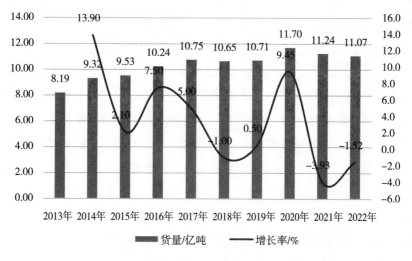

图6-13　2013—2022年中国铁矿石进口量及增长率

从进口国家结构来看，我国铁矿石进口来源国有30多个，其中澳大利亚和巴西几乎垄断了中国进口铁矿石市场。2013年，我国从澳大利亚、巴西进口的铁矿石分别达到4.17亿吨和1.55亿吨，约占全部进口量的70%。2021年，我国从澳大利亚、巴西进口铁矿石分别达到6.94亿吨和2.38亿吨，分别下降2.7%和增长0.8%，分别占全部进口量的61.65%和21.10%。2013年，澳大利亚、巴西、南非、印度、乌克兰是我国进口铁矿石的前五大来源国；2021年，澳大利亚、巴西、南非、印度、乌克兰是我国进口铁矿石的前五大来源国（表6-7）。

表 6-7　2013 年和 2021 年中国进口铁矿石来源国（前十）

排名	2013 年		2021 年	
	国家	进口量 / 万吨	国家	进口量 / 万吨
1	澳大利亚	41 681.1	澳大利亚	69 313.9
2	巴西	15 504.6	巴西	23 713.8
3	南非	4 301.9	南非	4 023.6
4	伊朗	2 242.3	印度	3 340.0
5	印度尼西亚	1 750.0	乌克兰	1 743.7
6	乌克兰	1 562.8	秘鲁	1 698.6
7	加拿大	1 432.5	加拿大	1 480.7
8	塞拉利昂	1 198.3	智利	1 374.0
9	印度	1 164.3	俄罗斯联邦	850.0
10	马来西亚	1 155.1	毛里塔尼亚	807.7

从图6-14～图6-15来看，过去十年中我国铁矿石海运供应链随主要进口来源国的变化而有所变化。首先是铁矿石海运供应链承担的运输总量大幅增长，2013年我国进口铁矿石的数量为819 100万吨，而2021年则为112 414万吨，增加了37%。其次，2013年我国进口铁矿石的主要来源国是澳大利亚、巴西和印度。2021年，我国进口铁矿石的主要来源国仍然是澳大利亚和巴西，但国家间的份额发生了变化，澳大利亚的份额从2013年的49.3%上升到2021年的63.4%，而巴西的份额则从2013年的18.6%下降到2021年的14.7%，此外，中国从南非、伊朗、印度、乌克兰等国家进口了更多的铁矿石，均带来海运供应链的空间变化。

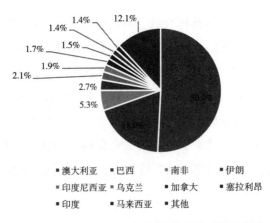

图 6-14　2013 年中国进口铁矿石来源分布

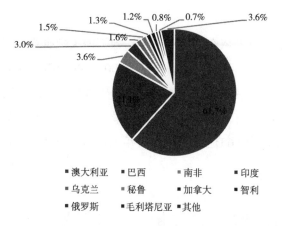

图 6-15　2021 年中国进口铁矿石来源分布

五、粮食

农产品进口贸易是缓解我国农业资源压力、满足消费者需求的重要措施。近年来，我国粮食进口量受季节影响，变化较大，2013—2017 年出现增长，2018—2019 年出现下降，2020 年恢复增长。数据显示，2021 年我国主要粮食（如大豆、小麦、大米、玉米等）的进口量累计达 13 950.1 万吨，较 2013 年 7 439.4 万吨增长 87.5%（图 6-16）。

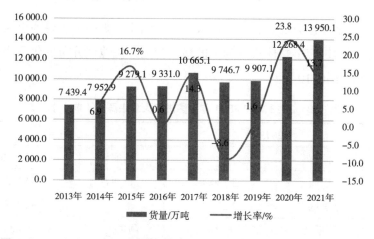

图 6-16　2013—2021 年我国粮食（大豆、小麦、大米、玉米）进口量

（一）大豆

我国大豆消费市场对外依存度居高不下。根据海关数据显示，我国近10多年对大豆的需求持续攀升。我国大豆消费量由2001年的2 670万吨增长到2019年的10 534万吨。近5年来，我国大豆总消费量占全球大豆总产量的比例稳定在28%左右，逐步发展成为当下全球大豆进口量最大的国家。从进口量看，2013年中国进口大豆的数量为0.63亿吨，而2021年的进口数量为0.97亿吨，增长了54%（图6-17）。

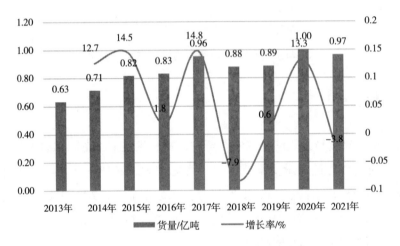

图6-17　2013—2021年我国大豆进口数量统计

主要进口来源国方面，我国进口大豆来源国比较集中，主要为巴西、美国和阿根廷。海运供应链整体表现为量的增加较大，但地域分布变化不明显（表6-8、图6-18、图6-19）。

表6-8　2013年和2021年中国进口大豆来源国（前十）

排名	2013 年		2021 年	
	国家	进口量 / 万吨	国家	进口量 / 万吨
1	巴西	3 180.9	巴西	5 814.7
2	美国	2 223.8	美国	3 229.6
3	阿根廷	612.4	阿根廷	374.6
4	乌拉圭	230.0	乌拉圭	86.6

续表

排名	2013 年		2021 年	
	国家	进口量 / 万吨	国家	进口量 / 万吨
5	加拿大	83.9	加拿大	58.8
6	俄罗斯	6.8	俄罗斯	54.7
7	乌克兰	0.013	贝宁	23.2
8	–	–	乌克兰	6.3
9	–	–	埃塞俄比亚	3.0
10	–	–	坦桑尼亚	0.1

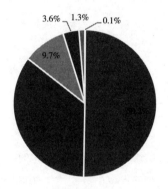

图 6-18　2013 年中国大豆进口来源分布

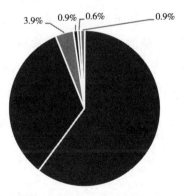

图 6-19　2021 年中国大豆进口来源分布

（二）小麦

我国是小麦大国，小麦的自给率虽然很高，但仍需进口大量的优良品种小麦。自2001年开始，在进口配额的约束下，我国的小麦进口量维持在300万～400万吨的规模。以2019年为例，小麦进口量为320.48万吨，只占配额的三分之一。然而，到了2020年，小麦的进口量暴涨至838万吨，同比增长140.2%，占小麦进口配额的87%；2021年，小麦进口量达到971万吨，创下历史新高，同比增长19.1%。较2013年的550.7万吨增长了76.3%（图6-20）。

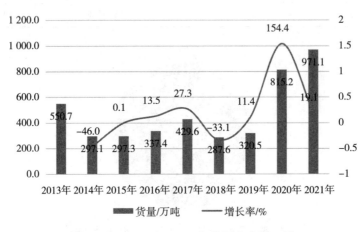

图 6-29　2013—2021 年我国小麦进口量

主要进口来源国方面，2013年我国进口小麦来源国主要为美国，约占进口总量的70%，到了2020年，限制澳大利亚出口、扩大周边国家进口等原因，使得我国进口小麦来源国较为分散，主要包括澳大利亚、加拿大、法国和美国，在增加进口量的同时也降低了进口风险。海运供应链整体表现为运量的显著增加与供应链布局的进一步广泛化（表6-9、图6-21、图6-22）。

表 6-9　2013 年和 2021 年中国进口小麦来源国（前十）

排名	2013 年		2021 年	
	国家	进口量 / 万吨	国家	进口量 / 万吨
1	美国	382.0	澳大利亚	273.6
2	加拿大	86.7	美国	272.6
3	澳大利亚	61.1	加拿大	254.0

续表

排名	2013 年		2021 年	
	国家	进口量 / 万吨	国家	进口量 / 万吨
4	法国	11.5	法国	141.6
5	哈萨克斯坦	9.1	哈萨克斯坦	17.9
6	蒙古	0.3	立陶宛	6.6
7	土耳其	0.0 009	俄罗斯	4.9

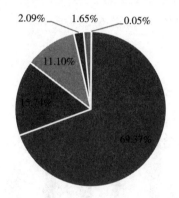

■美国 ■加拿大 ■澳大利亚 ■法国 ■哈萨克斯坦 ■其他

图 6-21 2013 年中国小麦进口来源分布

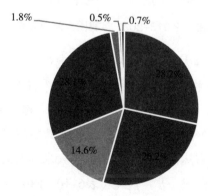

■澳大利亚 ■加拿大 ■法国 ■美国 ■哈萨克斯坦 ■俄罗斯 ■立陶宛

图 6-22 2021 年中国小麦进口来源分布

（三）大米

据中国海关总署的统计数据，自2004年我国入世的"调整磨合期"结束以后，我国粮食贸易由贸易顺差转变为贸易逆差，粮食进口量逐渐扩大。2011年，中国首次成为大米净进口国。2012年，中国首次跃升为世界大米第一进口国，此后，我国大米进口量总体保持不断增长态势。2021年以来，国际大米价格持续下跌，国内外价差不断扩大，2021年我国累计进口大米492万吨，较2013年的224万吨增长近119.64%（图6-23）。

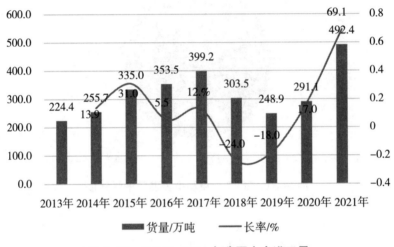

图 6-23　2 013-2021 年我国大米进口量

进口来源国方面，我国大米进口市场主要集中在东南亚和南亚国家。2013年，我国进口大米来源国主要为越南和巴基斯坦，约占进口总量的85%。2021年，进口来源国更为平均，主要包括印度（22.1%）、越南（21.9%）、巴基斯坦（19.5%）、缅甸（16.2%）和泰国（12.2%），其中越南进口量与2013年相比，下降近44%。与小麦海运供应链情况类似，大米的海运供应链表现为运量的显著增加与供应链布局的进一步广泛化（表6-10、图6-24、图6-25）。

表6-10　2013年和2021年中国进口大米来源（前九）

排名	2013年		2021年	
	国家	进口量/吨	国家	进口量/吨
1	越南	1 480 958	印度	1 089 498
2	巴基斯坦	417 020	越南	1 076 497
3	泰国	299 772	巴基斯坦	962 040
4	柬埔寨	21 380	缅甸	795 324
5	老挝	17 411	泰国	600 015
6	缅甸	7 067	柬埔寨	301 366
7	俄罗斯	190	老挝	28 613
8	日本	47	日本	620
9	印度	26	俄罗斯	120

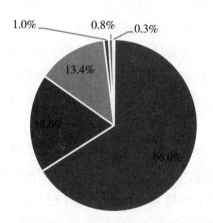

图6-24　2013年中国大米进口来源分布

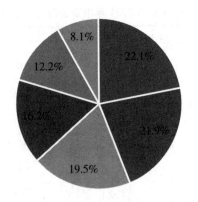

图 6-25　2021 年中国大米进口来源分布

（四）玉米

从进口量来看，2011—2015年，国内外价差拉大刺激玉米及其替代品进口量快速增长。从2016年开始，我国玉米实行供给侧改革，在减少种植面积的同时取消了最低价收购政策，玉米临储库存逐渐被消耗，进口开始下降。2018年，我国玉米面积和产量连续第三年调减，去库存效果明显，供求关系逐步趋紧，进口开始增加至352万吨。2019年，我国农业结构继续优化，全年玉米进口量为479万吨，同比增长36%。2020年，由于疫情影响，美国持续"大放水"，人民币升值较快，导致国内玉米批发价格持续上涨，叠加人民币的升值效应，促使该年玉米的进口量暴涨至1 129万吨，同比增长135.7%。2021年我国玉米进口数量为2 835万吨，相比2013年的326.5万吨增长630.41%。

从进口来源国来看，美国和乌克兰是我国进口玉米的主要来源国。2021年，从美国和乌克兰进口的玉米占据我国进口份额的99%，玉米海运供应链主要体现为运输量大幅增长，供应链集中度进一步提升的演变特征。2022年，俄乌冲突导致我国从乌克兰进口的玉米量为600万吨，同比下降29%。由此可见，受俄乌冲突影响，从乌克兰进口玉米存在一定的风险。在这种情况下，拓展玉米海运供应链渠道，保证供应多元化就显得非常有必要（图6-26～图6-28、表6-11）。

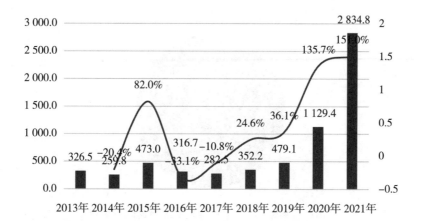

图 6-26　2013—2021 年我国玉米进口数量统计

表 6-11　2013 年和 2021 年中国进口玉米来源国（前十）

排名	2013 年		2021 年	
	国家	进口量 / 吨	国家	进口量 / 吨
1	美国	2 967 729	美国	19 827 127
2	乌克兰	108 949	乌克兰	8 233 913
3	老挝	81 829	保加利亚	145 000
4	阿根廷	66 023	俄罗斯	89 257
5	缅甸	26 105	缅甸	31 101
6	俄罗斯	4 952	老挝	19 348
7	印度	4 086	南非	1 656
8	泰国	3 100	阿根廷	390
9	巴西	528	法国	122
10	南非	473	德国	65

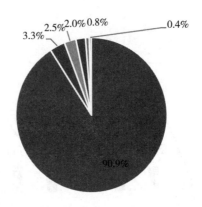

图 6-27　2013 年中国进口玉米来源分布

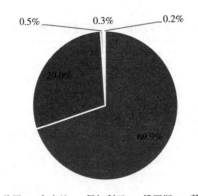

图 6-28　2021 年中国进口玉米来源分布

六、商品汽车

我国商品汽车进口在2013—2015年世界经济低迷情况下剧烈下滑后，2016—2017年进口增速稍有企稳改善，2018年以来持续下滑。随着我国自主品牌乘用车的竞争力增强，使得我国汽车进口量持续下降。2017年以来，我国进口车市场整体呈下降态势，从2017年的124万辆持续以年均10%左右的降幅下行到2020年的93万辆，2021年进口车市场同比微增长0.1%（图6-29）。

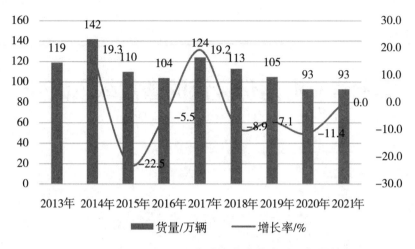

图 6-29　2013—2021 年我国汽车整车进口数量情况

　　从进口来源国看，2017—2019 年我国从亚洲国家进口的汽车数量快速增长，欧洲进口车保持稳定，北美进口车出现下滑趋势。2020 年进口车的表现分化，2021 年在我国进口车市场中，欧洲进口车的表现相对较强，日本进口车同比下滑较大，而泰国等进口车增长表现一般。总体来看，商品车进口供应链呈现运量明显下降，分布基本不变的情况。我国进口车市场依然以欧洲、美国、日本为主线，这与世界汽车工业的布局密切相关，总体变化不大。

　　汽车出口海运供应链发生了明显变化，2014—2020 年中国汽车年出口量约为 100 万辆；2021、2022 年中国汽车出口分别达到 201.5 万辆、311.1 万辆，我国的汽车出口呈现出高速增长，且美洲、非洲地区市场份额持续下降，欧洲大幅上升，带来出口海运供应链运量大幅增加，布局总体调整且分布更加广泛。

第七章　海运供应链的智慧绿色演变

第一节　智慧化发展演变

数字化是第四次工业革命的核心驱动力，是新一轮科技革命的核心技术，数字经济成为改变全球精准格局的关键，全球经济数字化转型大势所趋。互联网、大数据、人工智能等技术与产业的融合，将不断颠覆和重新定义各行各业。海运供应链也朝着智慧化发展的趋势进行演变。

海运供应链智慧化发展的趋势体现在多个方面。首先是自动化技术的应用，自动化技术可以通过传感器和机器学习算法实现对各种设备和流程的自动化控制，从而提高效率和减少错误。其次是数字化和互联网技术的应用。通过互联网技术，各种数据可以被实时采集和分析，从而帮助企业做出更明智的决策。例如，在船舶运营中，通过互联网技术可以实现对船舶位置、速度、燃料消耗等数据的实时监控和管理，从而提高船舶的运营效率和安全性。第三，人工智能技术也是智慧化演变的重要趋势。人工智能技术可以通过自然语言处理、图像识别等技术实现对各种数据的自动化分析和处理，从而帮助企业更好地理解客户需求和市场趋势。例如，在电子商务领域，人工智能技术可以实现对客户行为和需求的智能分析和预测，从而提高商品销售和客户满意度。笔者分别从这三个方面选取典型的应用场景，介绍海运供应链的智慧化发展。

一、海运物流链数字化协同

国内外航运物流企业正在通过数字化手段建立竞争优势，部分企业将物流数字化转向端到端的物流数字化公司，纷纷从船舶动力、船舶设备监控维修、船队运营、船舶监造等方面，尝试将云计算、大数据、人工智能、物联网技术等用于业务执行、运营优化、智能客服，辅助市场开发和管理优化，主要表现为数字化的纵向延伸，包括"零待时"应用逐渐深入，加强港口后方货运数字化协同。

（一）"零待时"在港航领域应用逐渐深入

"零待时"源自JIT（Just In Time，准时生产）理念，在港航业内的具体表现为"船舶准时到达"，即通过优化船舶航速策略，使船舶在约定的时间到达港口并可直接靠泊，一方面可调整航速降低油耗、减少排放和节约成本，另一方面可降低在港候泊时间从而减少港口"碳足迹"。

港口"零待时"相关信息标准正逐步形成。港口"零待时"的实现需要通过船公司、港口企业和其他相关机构之间的数字协作来实现，因此IMO、数字化集装箱航运联盟（DCSA）等国际组织不断推进JIT相关的数据与接口标准（T&T），帮助行业实现更加高效、准确的数据交换。2022年，DCSA发布了准时制（JIT）港口靠泊数据定义版本1.2Beta，提供了包括110个事件时间戳的数据定义与标准接口（每个时间戳含日期/时间、设备/服务、数据所有者、靠港阶段与事件时间测算共五个字段），旨在通过完善数据交换标准更好地实践JIT理念。

"零待时"服务产品在港口逐步得到应用。2021年丹吉尔麦德（Tanger Med）通过瓦锡兰Navi-Port系统完成首次基于JIT的船舶靠泊。深圳港的蛇口集装箱码头（SCT）、安特卫普港的DP World Antwerp Gateway、伦敦集装箱码头与Portchain Connect公司进行合作，通过人工智能算法优化船舶靠港方案。汉堡港码头运营商HHLA推出其JIT港口停靠产品Heyport，并计划将其推向全球市场。除了专门推出JIT服务产品外，港口还通过开放港口信息系统的应用程序编程接口（API），使码头操作系统TOS的数据信息，快速便捷地封装传输至航运公司、内陆运输商、货主等主体的信息系统或终端设备中，以实现JIT服务。例如，马士基集装箱码头公司（APM Terminals）已于2020年开始应用API接口服务功能，包括集装箱跟踪、卡车预约、船期表、空箱退货等，截至2022年底已在其旗下近20个集装箱码头得到广泛应用。

（二）港口加强后方货运数字化协同

随着全球贸易的不断增长，港口作为物流运输的重要节点，其后方货运环节的效率和协同能力显得尤为重要。然而，当前的港口后方货运环节仍然存在许多问题，如信息不对称、资源浪费、货物滞留等，在近两年发生的港口拥堵中，港口后方集疏运环节是其中的薄弱环节，尤其在欧美国家的洛杉矶、长滩及鹿特丹等港口，因此近年来陆续提出强化港口后方货运数字化协同的方案。美国运输部（USDOT）发布了"货运物流优化工程"（FLOW）项目，通过成立三方供应链数据管理机构，整合航运公司、港口机构、码头运营商、卡车司机、铁路、仓库和货主等大部分私营企业的供应链数据，从而实现货流数据的共享与应用，缓解港口拥堵问题。鹿特丹港务局提出了铁路连接计划，以促进铁路货运数字化发展和数据共享，改善铁路集疏运服务效率与透明度。

随着我国经济的发展和物流行业的日益繁荣，港口作为物流体系中的重要环节，其后方货运数字化协同的加强已经成为行业发展的必然趋势。当前，我国港口正积极推动后方货运的数字化转型，以提高物流效率，降低运营成本，提升港口的综合竞争力。一是加强基础设施建设，港口作为物流的节点，其基础设施的完善程度直接影响到后方货运的效率。近年来，我国港口加大了基础设施建设投入，提高了港口的硬件水平。例如，天津港、上海港、广州港等大型港口都投入建设了现代化的信息管理系统、自动化设备、仓储设施等，为后方货运的数字化协同提供了有力的支持。二是提升信息化水平，随着信息技术的飞速发展，港口后方货运的信息化水平不断提高。当前，我国港口正大力推广物流信息平台的建设，以实现各环节的信息共享和协同。通过物流信息平台，可以实现货物的实时追踪、调度、配送等信息，大大提高了物流效率，降低了运营成本。此外，物流信息平台还可以实现各企业之间的信息共享，促进供应链的优化和协同。三是加强协同管理，为了提高后方货运的协同效率，我国港口正在加强各环节之间的协同管理。首先，港口与货主、物流企业之间的信息共享，实现各环节的信息互联互通；其次，港口与物流企业之间的协同调度，实现货物的快速、准确、高效运输；最后，港口与海关、检疫等相关部门之间的信息协同，确保货物的顺利通关。

（三）区块链技术的应用

区块链技术作为一种去中心化、安全可靠的数据管理技术，近年来得到了广泛的关注。随着我国港航业的快速发展，区块链技术在港航领域的应用正得到广泛应用。

数据共享和交互。区块链技术可以实现港航数据的共享和交互，包括船舶位置、货物状态、港口作业情况等。例如，Maersk与IBM合作开发的基于区块链的供应链解决方案，通过实时更新货物状态，减少欺诈和错误，并自动处理索赔，提高了供应链的透明度和效率。

提单和贸易文件数字化。通过区块链技术，可以实现提单和贸易文件的数字化，从而简化操作流程，降低成本和时间。同时，区块链技术还可以提高这些文件的真实性和可靠性。例如，CargoSmart是一个提供货物流动和信息追踪的区块链解决方案，实现了集装箱数据的共享和追踪，减少了冗余和错误。"双11"期间，满载美妆产品、纸尿裤等进口电商货物的集装箱船相继靠泊上海港。通过港航区块链电子放货平台，这些商品快速完成放货，运送至菜鸟仓、京东仓等商家仓库，再配送至消费者手中。港航区块链电子放货平台通过区块链技术实现进口环节的单证无纸化和流程优化，为货主或其代理等市场主体提供无接触、无时限的服务。客户在平台上完成500票提单电子换单仅需要3~4分钟，比原手工换单操作效率提升数十倍，大大提高了贸易结算和港口提货效率，有效减少了清关时间。此外，该平台大大节约了跨境单据邮寄及交易成本，帮助缩短了贸易全流程周期，减少周转资金占用，降低货物滞留港区产生的相关物流费用。

船舶登记。区块链技术可以用于船舶登记，提高船舶所有权的透明度和可追溯性，这有助于减少欺诈和错误，提高船舶交易的可靠性。例如，一些地区已经开始使用区块链技术进行船舶注册和管理，以提高船舶所有权的透明度和可靠性。

保险和索赔。在航运业中，保险和索赔是一个重要环节。区块链技术可以用于记录和追踪保险和索赔的相关信息，提高处理效率和公正性。例如，一些保险公司已经开始使用区块链技术进行航运保险的理赔处理，提高了处理效率和公正性。

碳排放管理。航运业是碳排放的重要来源之一。区块链技术可以用于记录和追踪船舶的碳排放情况，帮助企业实现碳排放的监控和管理。例如，一些港口已经开始使用区块链技术进行碳排放数据的记录和管理，提高了数据的真实性和可靠性。

港口运营。区块链技术可以用于优化港口运营，提高港口的吞吐量和效率。例如，通过区块链技术可实现港口物流信息的共享和交互，降低港口拥堵和延误。再如，Wave是一个基于区块链的航运解决方案，可以帮助航运公司更高效地管理船舶和货物。Wave提供了一个数字化的船舶运营平台，帮助航运公司实现船舶位置、货物状态、航行记录等的实时更新和管理。

船舶融资和贷款。区块链技术可以用于船舶融资和贷款领域，实现贷款申请、审批和发放的自动化和透明化，这有助于降低融资成本和提高贷款的安全性。例如，一些金融机构已经开始使用区块链技术进行船舶融资和贷款的处理和管理，提高了处理效率和安全性。

二、港航人工智能技术发展

（一）航运领域AI技术的应用

劳氏船级社发布的报告*Out of the Box*中就表明，"船东必须采用AI和自动化技术才能保持竞争力"。在船舶的运营管理中，AI技术可用于分析船舶运行状态数据，预测潜在故障，提前安排维护和修理，延长设备使用寿命，降低运营成本，此外AI技术还可用于船员管理、航运市场指数查询、绿色减排等。

船舶运行状态监测与优化。利用AI技术对船舶运行状态进行实时监测和分析，从而提高船舶运行效率和降低运营成本。通过传感器和数据采集设备，对船舶的运行参数（如速度、油耗、航向等）进行实时采集，并利用数据分析算法对这些数据进行处理和分析。通过分析船舶运行状态，可以及时发现船舶存在的问题，如故障、异常运行等，并采取相应的措施进行维修和调整。此外，还可以通过数据分析，优化船舶的运行路线和航速，从而提高船舶的运行效率和降低运营成本。

船舶燃料消耗预测与优化。利用大数据技术对船舶燃料消耗进行预测和优化，从而提高船舶的燃油效率和降低运营成本。通过收集船舶的历史燃料消耗数据，并利用机器学习算法对数据进行处理和分析，从而建立船舶燃料消耗的预测模型。通过这个模型，可以预测船舶未来的燃料消耗，并根据预测结果采取相应的措施，如调整航速、改变航向等，从而降低船舶的燃料消耗。此外，还可以通过数据分析，优化船舶的燃料消耗，从而提高船舶的燃油效率。法国一家技术公司通过AI技术，针对发动机转速、舵角及风助推进设备的部署等方面对船员提供建议，实现了高达14%的燃油节省。

船舶安全监测与预警。通过传感器和数据采集设备，对船舶的安全参数（如船位、速度、航向等）进行实时监测，并利用数据挖掘算法对数据进行处理和分析。通过分析船舶的安全状态，可以及时发现船舶存在的问题，如故障、异常运行等，并采取相应的措施进行维修和调整。此外，还可以通过数据分析，建立船舶安全预警模型，从而在发生安全问题时及时发出预警信号，提高船舶的安全性。

（二）港口领域AI技术的应用

近年人工智能技术在港口领域得到广泛应用，包括计算机视觉、自然语言处理、机器学习、自动驾驶等人工智能技术在智慧港口建设中发挥着重要作用。世界范围内大部分港口的管理系统已具备自动化堆场选位、配载等模块，如丹戎帕拉帕斯港（PTP）部署了Innovez One 的人工智能港口管理信息系统（PMIS），优化港口调度与提高效率；DP World 南安普敦完成TOS升级，增加了码头起重机动态分区、高精度模拟建模等智能化功能，帮助提高港口生产力。我国港口在推进智慧港口建设过程中更是实现智慧调度、智慧物流、智慧决策、智慧监管及智能支撑保障等系统，如山东港口创新发布全自动化集装箱码头智能管控系统A–TOS，包括了全智能码头"信息管网"等九大创新技术，实现类人脑进行生产指挥调度、规划决策和系统的测试运维。

港口智能化水平的提升不仅在技术创新上取得了显著进展，同时也在管理模式和服务理念上带来了深刻变革。随着物联网、大数据、人工智能等新一代信息技术的广泛应用，港口信息管理系统已经从传统的生产性管理向智能化、数字化转变，这种转变不仅提高了港口的运营效率，也为港口管理者提供了更精准的决策支持。例如，上海港集团推出的"智慧码头"项目就应用了物联网技术，通过传感器等设备采集数据并实现对码头设施、作业设备、货物等的实时监控，提高了港口生产效率和安全性。此外，智慧港口信息化管理平台还可以实现港口的财务管理自动化。

三、自动化码头与自动驾驶船舶

（一）自动化码头

自动化码头是现代港口发展的新趋势，它以高科技、高效能、绿色环保为特点，通过使用自动化技术来提高港口的效率和吞吐量，为全球贸易和物流业带来了一场深刻的变革。近几年，随着新一代信息技术的快速发展，自动化码头已成为我国海运供应链中智慧化发展的重要标志。

自动化码头采用自动化设备和系统，如自动化集装箱桥吊、自动化堆场、自动化导引车等，大大提高了码头作业的效率。这些设备可以实现无人操作，减少了人为错误，提高了作业速度，缩短了货物进出港时间。据统计，自动化码头的货物处理速度可达到每小时300吨以上，是传统码头的3倍以上。自动化码头具有高度的智能化，通过物联网、大数据、云计算等技术，实现码头设备的智能化管理和控制。自动化码头可以实现对设备状态、作业流程、货物信息等的实时监控，从而提高码头的运行效率和安全性。此外，自动化码头还可通过人工智能技术实现对货物运输路线、装卸顺序等的优化，进一步提高作业效率。

自1993年荷兰鹿特丹港ECT码头建成世界上第一座自动化集装箱码头以来，自动化码头作为当今世界码头建设技术含量最高的领域，在欧洲、北美、亚洲、大洋洲的多个港口得到了推广应用。截至2021年，我国目前已建成10座自动化集装箱码头，并有7座自动化集装箱码头在建，已建和在建规模均居世界首位。我国自2016年3月厦门远海自动化码头建成以来，上海港洋山四期、青岛前湾一期二期、天津五洲国际等多座新建或改造的自动化集装箱码头（含全自动化码头和堆场自动化码头）相继建成并投入运营，深圳妈湾、日照石臼、天津港北疆C段3座全自动化码头相继建成投运。从实际营运情况看，我国自动化码头运行稳定，装卸效率逐步提升，运营情况良好，起到了较好的示范效应。2017年12月开港运行的上海港洋山四期工程是世界上最大的自动化码头，投运第一年就完成集装箱吞吐量201.36万标准箱，2020年完成集装箱吞吐量420万标准箱，2021年突破570万标准箱。青岛前湾自动化码头运营4年多来，多次刷新自己创造的装箱世界纪录，创造出平均作业效率36.2标准箱/小时，最高作业效率43.8标准箱/小时的世界纪录。

（二）自动驾驶船舶

随着科技的不断发展，自动驾驶技术在各个领域得到了广泛的应用，其中之一就是船舶行业。自动驾驶船舶不仅可以提高航行效率，降低人力成本，还能减少人为操作失误，提高航行安全性。自动驾驶船舶的发展可以追溯到20世纪60年代。当时，计算机技术刚刚起步，人们开始尝试将计算机技术应用于船舶航行。早期的自动驾驶船舶主要依靠传统的电子设备和人工驾驶，如自动驾航仪、雷达和声纳等。进入21世纪，随着计算机技术、通信技术和传感器技术的飞速发展，自动驾驶船舶逐渐成为现实。船舶的综合船桥、自动化机舱、自动化操纵设备等系统为智能航行提供了基础。自动驾驶船舶的技术原理主要包括传感器技术、计算机技术和通信技术。传感器技术主要用于获取船舶周围环境的信息，如水深、风向、海流等。计算机技术则负责处理这些信息，并生成相应的航行指令。通信技术则实现船舶与岸上指挥中心的实时信息交换，以便及时调整航行策略。

2012年，欧盟联合启动了"基于网络智能的无人航海"（MUNIN）项目，旨在实现自主船舶和无人船舶技术，验证自主船舶概念。该项目全面梳理了智能船舶的整体结构和安全性、感知技术、远程驾驶技术、环境因素风险。2015年，芬兰国家技术创新局联合挪威船级社、芬兰阿尔托大学、罗尔斯·罗伊斯公司等多家单位联合启动了"高级自主海上应用"（AAWA）项目，计划用5~8年的时间设计建造出可以用于远洋运输的无人船，使之具备远程驾驶、自主驾驶的能力，最终实现船舶的全自主航行。国际海事组织第99次安全会议签署了针对智能自主船舶（MASS）的法规框架，用以提升其应对安全、安保和环境问题的能力，并对MASS的自主等级进行了初步的定义。

考虑到智能船舶技术的不断发展和迭代，中国船级社（CCS）于2019年12月4日发布了《智能船舶规范（2020）》，按照局部应用到全船整体应用、辅助决策到完全自主的发展方向，细化了远程控制操作和自主操作功能要求，对不同的场景和船员在船情况进行了详细的规范，形成了完整的智能船舶规范框架及相应的功能和技术要求。2023年1月，由中国船级社执行图纸审查和建造检验的全球首艘智能型无人系统科考母船"珠海云"圆满完成各项海试目标任务，正式交付使用。"珠海云"由南方海洋科学与工程广东省实验室（珠海）主持制造，该船是全球首艘具有自主航行功能和远程遥控功能的智能型海洋科考船，获得了中国船级社颁发的首张智能船舶证书。其设计建造贯彻了"绿色智能""无人系统科考支持"和"未来感"等设计理念，主体设备国产化率高，动力系统、推进系统、智能系统、动力定位系统及调查作业支持系统等均为我国自主研制。"珠海云"号装备了先进的人工智能操作系统，并且可以自动控制甲板和船舱区域搭载的数十种无人船、潜艇和飞行器，对特定海洋区域进行3D观测，对于海洋科学研究资料的搜集有极大帮助。

第二节　绿色化发展演变

一、航运绿色低碳发展

（一）绿色航运走廊

2018年4月，国际海事组织海洋环境保护委员会（MEPC）以MEPC.304（72）号决议通过了《船舶温室气体减排初步战略》，提出尽快减少船舶温室气体排放的计划，目标是到2030年，国际航运温室气体年度排放总量相比2008年至少降低20%，力争降低30%；到2040年，相比2008年至少降低70%，力争降低80%；远期目标是在2050年左右达到净零排放。

2021年11月，在格拉斯哥举行的二十六次缔约方大会上，美国、德国、法国等共计22国共同签署《克莱德班克宣言》，从国际海事组织的2050年脱碳计划出发，明确提出建立"绿色航运走廊"，绿色航运走廊是指两个及两个以上港口间的零排放航线。至今，全球24个国家已发起21项绿色航运走廊建设倡议，港口、航运公司和货主企业均有所参与。建立绿色航运走廊需要港口加快能源转型，加强充电设施的建设和使用，航运企业需要部署具有零排放能力的船舶。全球的绿色走廊航线分布5个大洲，并积极推广使用甲醇燃料、氨燃料、生物燃料、氢燃料等清洁能源。2022年1月28日，上海港和洛杉矶港及C40城市气候领导联盟宣布共同倡议建立"绿色航运走廊"，这是全球首个绿色航运走廊计划，该计划预计到2030年将与航运公司合作推出世界上第一艘零碳跨太平洋集装箱船。

绿色航运走廊的建立与港口间的贸易关系及国家地区的政治关系密不可分。全球海事论坛根据影响和可行性预测，澳大利亚—日本铁矿石运输航线是最有潜力的绿色航运走廊之一。一方面，澳大利亚—日本航线在碳排放方面和污染排放监管力度较大；另一方面，日本在澳大利亚铁矿石出口总额国家排名中位列第二，进口铁矿石的"四大矿山"（淡水河谷、必和必拓、力拓和FMG公司）中三家位于澳大利亚。东北亚—美国滚装船运输航线是另一条有可能成为绿色航运走廊的线路，航线货主日企电车制造商和日美政府均已承诺推进脱碳进程。同时，亚欧集装箱航线凭借路经港口（新加坡等）和大型船公司（马士基等）的支持，也有大概率尽早建成绿色航运走廊（表7-1）。

表7-1 2022年宣布建立的国际绿色航运走廊

时间	绿色航运走廊
1月28日	上海—洛杉矶/长滩签署绿色航运走廊合作协议
3月30日	穆勒零碳航运中心与北欧波罗的海区域5个港口启动建立欧洲绿色航运走廊的倡议
4月6日	全球海事论坛牵头，必和必拓、力拓和Star Bulk Carriers Corp.签署了一份意向书（LOI），以评估澳大利亚到东亚地区之间铁矿石绿色航运走廊的发展
4月13日	智利能源部和马士基·麦克-凯尼·穆勒零碳航运中心宣布了一项正式协议，建立一个智利绿色航运走廊网络
5月3日	北欧气候和环境部长会议宣布，建立北欧地区港口之间的零排放绿色航运走廊

续表

时间	绿色航运走廊
5月17日	太平洋西北地区的港口和邮轮公司宣布计划为邮轮领域探索并创建世界上第一个"绿色航运走廊"
5月26日	劳氏海事脱碳中心宣布与11家业界领先的跨供应链利益相关方合作,制定船队燃料转型战略,以建成高度可扩展的绿色走廊集群
8月22日	新加坡海事和港务局与鹿特丹港签署协议,计划在开发世界最长绿色走廊,并于2027年开航
9月29日	加拿大哈利法克斯港务局和汉堡港务局签订谅解备忘录,在哈利法克斯到汉堡之间打造绿色航运走廊
10月12日	哥德堡港和北海港之间的绿色走廊正式启动
11月8日	美国西北海港联盟计划与釜山港务局合作,在西雅图—塔科马港与釜山港之间建立绿色走廊

绿色航运走廊的建立为港口发展带来了更多的机遇与发展空间。通过推广清洁能源和采用环保设施等措施,绿色航运走廊可以降低港口活动对环境的影响,减少空气和水质污染,改善港口周边的生态环境。同时,绿色航运走廊采用智能航运技术以提高航行效率,降低运输成本,减少港口等待时间,提高货物周转率。由于绿色航运走廊兼具环保性和经济性,港口通过绿色航运走廊将与更多的航运企业合作,集聚更多的航运要素,提升港口的国际地位和竞争力。此外,政府为绿色航运走廊提供的政策支持同时优惠到港口,如税收减免、土地和资金支持等,将为港口提供更多的发展机遇。

(二)新能源动力船舶

当前,航运业已迎来船舶减碳政策加码期、新能源技术变革期和新一轮船舶制造上行期,加快构建船舶能源转型新格局,已成为推进交通强国建设与实现"双碳"目标的必然要求。2023年7月,国际海事组织审议修订了航运温室气体排放初始战略,多个重要减排时间节点提前,船舶航运净零排放的时间提前至2050年,整整压缩了50年。同年,欧盟将航运业纳入碳排放交易体系;IMO建立的船舶能效指数(EEXI)和碳排放强度指数(CII)正式生效实施,两项指标对不同船型有15%~50%的碳减排要求,航运业绿色转型仍是市场的焦点。由此可见，全球航运业正面临严苛"脱碳"考验，造船业亟需加快探索以船舶新能源替代为核心的脱碳路径。

在政策和市场的双重激励下，业界围绕各种船用低碳和零碳燃料开展了不同程度的研究和实践，船舶新能源转型与替代技术创新呈现"井喷式"发展。特别是，液化天然气、甲醇、氨和氢等4种主流替代燃料应用技术的发展日新月异。截至2023年底，全球船队中使用替代燃料作为动力的船舶比例已从2017年的2.3%增长至6%，预计到2030年替代燃料动力船舶比例将达到23%。2023年全年，全球替代燃料动力船新签订单共552艘，以总吨计占新签订单比例45%，仅次于2022年创纪录的55%的水平。替代燃料新应用中，液化天然气依然是选择最多的燃料类型；但2023年甲醇燃料动力签单持续增加，且船型应用更为广泛；市场出现了首批氨动力燃料船舶订单，氨燃料主机研发加快。但是，目前没有任何一种能源/动力技术具有全方位、压倒性的优势可以完全替代传统燃油的中心地位，不同类型船舶的能源替代适用性也存在差异。因此，双燃料船作为一种过渡船型，受到越来越多船东的青睐。2023年，全球集装箱船手持订单中甲醇双燃料动力船（31.6%）和液化天然气双燃料动力船（40.4%）占比达到72%，同比增长5个百分点，呈现出明显增加的发展态势。

二、港口清洁能源的应用

经过多年的发展，风电、光伏技术已较为成熟，具备在港口落地的条件。同时港口具备风电、光伏落地的场地条件，港口拥有大量堆场、边角空地、绿化带等，以及仓库等较大屋顶面积的建筑物。分散式风电、分布式光伏的投资建设拥有占地面积较小、传输能耗低、组装便捷等优势，港口可充分利用办公楼顶、仓库顶棚、轻作业堆场、边角空地和绿化带及码头防波堤等空间，发展分布式光伏、分散式风电项目。

（一）风电应用

港口风电利用情况在全球范围内呈现出一种积极的发展趋势。随着环保意识的提高和可再生能源技术的不断进步，越来越多的港口开始关注并实践风电利用，以减少碳排放、提高能源效率和促进可持续发展。在技术上，港口风电利用主要通过安装风力发电机组来实现。这些风力发电机组通常安装在港口附近的陆地上或海上，利用风力转化为电能，供港口运营和船舶使用。随着技术的发展，海上风电机组的单机容量不断增大，机组类型也从早期的恒速恒频风机发展到更为高效的变速恒频风机。

国际上丹麦在港口风电利用方面处于领先地位。埃斯比约港是丹麦重要的港口之一，近年来，该港口积极投资风电产业。通过建设风力发电设施，埃斯比约港实现了清洁能源的大规模利用，并显著减少了碳排放。该港口还致力于发展海上风电，利用北海丰富的风能资源，进一步推动可再生能源的利用。荷兰鹿特丹港作为欧洲最大的港口之一，在风电利用方面也取得了显著成果。该港口安装了大量的风力发电机组，为港口运营和船舶提供清洁的电力。此外，鹿特丹港还积极与风能企业合作，推动风电技术的研发和应用，进一步提高了风电利用效率。英国利物浦港是英国重要的港口之一，也是风电利用的重要实践者。该港口建设了风力发电设施，为港口区域提供可持续的能源供应。此外，利物浦港还积极探索海上风电的潜力，通过与风能企业合作，推动海上风电项目的发展。

在国内，江阴港作为中国重要的沿江港口和对外贸易口岸，积极推进"生态岸线、绿色港口"建设，通过建设分布式风力发电系统、风光互补供电系统、光伏发电系统等项目，使绿色电能占比超过50%，显著降低了碳排放。另外，天津港也成功实施了全国港口行业单次并网容量最大的分散式风力发电系统，年发电量预计达到5 500万千瓦时，约占南疆港区使用电量的20%，为港口的能源绿色低碳转型做出了重大贡献。

（二）光伏应用

光伏设备规模化、标准化特性完全适配于港口陆上区域，在碳减排进程不断加速的背景下，全球港口积极开展光伏项目。鹿特丹港建成了世界最大的港口光伏电站，装机容量达到100兆瓦，还与能源公司恩内科共同开发"太阳能工厂"项目，同时在港口区域内安装太阳能电池板为船只提供充电设施，以及在港口码头安装太阳能电池板为电动车提供充电设施等；洛杉矶港的"太阳能岛"光伏项目由10个太阳能阵列组成，总装机容量达10兆瓦；神户港多次和三菱株式会社合作，建设的太阳能发电站能为3 000户供能。光伏项目可以为港口和周边地区提供清洁、绿色的能源，降低碳排放和污染。美国的科珀斯克里斯蒂港与七叶树公司合作，拟建总面积为248英亩[①]的大型太阳能发电场，每年生产8.8万兆瓦时的电力。此外，朴茨茅斯港成为英国第一个开展太阳能檐篷项目的港口，2 660块太阳能电池板将为港口贡献35%的电力，用电低谷时多余的电力将储存在电池中备用。完全建成后，峰值功率将达1.2MW，同时每年将减少239吨碳排放量。

中国港口推出分布式光伏电站技术，同时运用智能化技术实现实时监测。分布式光伏不需要另外对供电网进行改造，不额外占用土地资源，提高了港口现有建筑物的综合利用效率。光伏组件还起到一定隔热效果，有利于降低建筑物的能耗。青岛港自动化码头建设超过3 900平方米总面积的光伏电站，总装机容量达到800千瓦，年发电量达到84万千瓦时，减少二氧化碳排放量超过742吨。智能化技术与光伏结合，在远程动态监控光伏状态基础上，实现光伏板智能调节，提高总光伏消纳量。厦门港分布式光伏发电项目建设在港区保税1号仓库上，屋顶总面积达2.9万平方米，采用"光储充"一体光伏供电方式，年发电量可达430万千瓦时，相当于节约标准煤1 412吨，减少碳排放4 300吨。

（三）氢能应用

氢能源由于储运要求较高，目前仍处于技术突破阶段，提供加注服务的港口较少，但由于氢容易从水、氨、甲醇等物质中分解获取的特质，各地港口正积极与能源企业合作，利用可再生能源，开展绿色制氢项目。鹿特丹港提出建设"氢能枢纽"的战略定位，到2030年实现港口年产氢460万吨，同时与壳牌、法国英国石油公液化空气集团、沙特阿美石油公司等企业合作，推广太阳能、风能制氢，并研究氨制氢方法，还与巴西佩西姆港合作氢能项目，打造绿色氢能枢纽，并计划未来向欧洲提供氢能。加拿大港口与克罗斯河公司合作，在新不伦瑞克省贝勒杜恩港投放制氢设施，计划使用200兆瓦的清洁能源生产绿氨；氢技术公司莱夫公司在法国圣纳泽尔港开发的海上风电制氢平台结合了太阳能、风能和波浪能，是全球首个海上绿氢生产设施；苏格兰电力公司计划在费利克斯托港建设绿氢设施，产出的100兆瓦氢能可为1 300辆氢燃料卡车供能。

---

① 1英亩≈4 047平方米。

洛杉矶港是美国最先应用氢燃料电车集卡的港口，和壳牌合作建立了三座加氢站。在与丰田公司合作的岸上存储项目运行期内，每年每辆卡车减排74.66吨温室气体。安特卫普—布鲁日港利用在安特卫普、鹿特丹和杜伊斯堡建立25个高容量加氢站，提出2025年部署300辆氢燃料电池卡车的计划，作为混合动力卡车计划的一部分，预计每年将减少10万吨二氧化碳排放，同时减排一氧化碳3万吨。中国港口中天津港积极开展氢燃料电池卡车试点，借助于港区内全年制氢、售氢量超200吨的加氢母站，逐渐拓宽氢燃料电车卡车的应用范围。

中国港口氢能产业从制氢工业出发，逐渐拓展到港口设备的氢技术改造与使用。天津港建成的加氢母站，配备PSA装置提纯净化后，产出的氢气纯度大于99.999%，可以满足氢燃料电池用氢指标要求。同时，在制氢的基础上，港口积极拓展氢能产业链，将氢能技术广泛应用于作业设备中。青岛港加氢站单日产量可达500千克。同时，青岛港将氢能运用于集卡、拖车、矿石作业车等车辆设备并全球首创氢能源轨道吊。轨道吊以氢燃料电池加锂电池组的动力模式实现能量回馈的最优利用，每箱耗电可节约3.6%电量，同时降低购置成本约20%。

现阶段，我国已有一批建设中的"氢港"，分别位于山东省青岛市、上海市临港新片区、天津市滨海新区、江苏省张家港市、浙江省宁波市等地区。同时，深圳盐田、大连太平湾等港口也都相继对建设氢能港口制定了规划。以山东青岛为例，《青岛市氢能产业发展规划（2020—2030年）》中提出，推动建设氢能港口等多种氢能发展示范形式，在青岛港开展燃料电池港口机械和物流运输发展示范应用。目前，青岛港自主研发的全球首创"氢动力"自动化轨道吊等，解决了一键锚定、永续充电、自动摘锁、AGV轻量化等难题，作业效率提升30%，缩减人员50%以上。用清洁能源车辆逐步替换港口现有燃油车辆，推动与港口作业衔接配套的长途物流公司逐步更换清洁能源车辆，规模有望达到7万～10万辆。

（四）液化天然气加注

近年来，欧洲港口大力发展液化天然气业务。液化天然气产业发展是欧洲实现绿色转型的重要步骤，同时有助于欧洲各国降低对俄罗斯能源依赖。液化天然气的主要出口国是澳大利亚、卡塔尔和美国，远距离运输导致液化天然气海运市场热度上升。而地缘政治因素进一步推高欧洲能源价格，以荷兰为例，2022年液化天然气平均价格为每百万英热单位41美元，而美国仅为7美元。数倍价差推动欧洲大量海运进口液化天然气，同时促进港口液化天然气业务的发展。2022年，包括英国在内的欧洲国家进口了1.21亿吨液化天然气，同比增长60%。安特卫普布鲁日港2022年液化天然气的进出口量增长了61.3%，达1 470万吨。鹿特丹港通过推出"液化天然气总体规划"，吸引壳牌等多家能源企业开展液化天然气加注业务，年液化天然气吞吐量超过1 000万吨。

2022年，全球液化天然气海运贸易量超过3亿吨，投入运营的液化天然气船为355艘，521艘订单在造，意味着液化天然气港口加注市场有着巨大的需求现阶段，液化天然气加注是港口的主流替代能源加注业务，随着液化天然气燃料船舶在造订单数创下新高，世界各地的港口都在加紧发展液化天然气加注基础设施。克拉克森数据显示，截至2022年底，全球已有181个港口提供液化天然气加注服务，仅一年时间就新增了44个港口。在市场需求的推动下，港口通过投资液化天然气加注设备，吸引相关能源企业集聚，同时为企业提供合作平台与优惠条款，促进港区液化天然气生产、加工、加注产业发展。卡塔尔的拉斯拉凡港是全球最大的液化天然气出口港，年液化天然气吞吐量超过7 000万吨，澳大利亚的阿瑟港和巴罗岛港年液化天然气吞吐量也超过2 000万吨。

港口主要通过"车到船""船到船""港到船"三种方式实现液化天然气加注，其中船到船的加注模式可以实现客货同步操作，加注速度快，操作灵活，适用于国际航线上的大型船舶，是液化天然气加注业务的发展趋势。鹿特丹港是最先用船到船方式加注液化天然气的技术港口，早在2018年，其就与壳牌合作实现了全球首次船到船加注。而新加坡港则与液化天然气燃料公司合作，率先实现了对汽车运输船的船对船液化天然气加注。国内来看，深圳港实现了对液化天然气加注船"海洋石油301"的加注，加注总量达3万立方米，同时宁波—舟山港、上海港等也陆续试点开展液化天然气国际船舶保税加注业务。

第八章 海运供应链发展新思考

第一节 双循环新发展格局下海运供应链发展面临的新要求

国内大循环是基础，国际循环是国内大循环的延伸，"新发展格局"的要义在于推动实现国内国际循环的"良性互动"。鉴于国际供应链可能持续存在的不稳定性和不确定性，我国的经济活动不再过度依赖国际市场的供需关系，而将更加注重构建完整的内需体系，并逐步形成以国内大循环为主体、国内国际双循环相互促进的新发展格局。这是确保我国供应链安全、实现长足发展的具体路径，海运供应链的发展面临更多要求。

（一）双循环新发展格局要求海运供应链注重国内国际联动

全球化背景下的现代经济要求我们不断克服空间距离形成的障碍，在世界范围内不断开拓和优化适宜的运输环境。全球化导致世界航运市场环境容量的扩大，这使得我国航运业伴随着全球化的步伐，迅速成为世界航运大国。据统计，1979年，我国进出口商品总值为455亿元，航运内外贸全年货运量为4.708亿吨，货物周转量为4 586.72亿吨千米；到2022年，我国进出口外贸总值为42.07万亿元，航运内外贸全年货运量为85.5亿吨，货物周转量达到121 003.1亿吨千米。以国内大循环为主体的双循环并不意味着摒弃全球化，对于中国来说，"双循环"是符合当前自身发展需求和全球贸易形势的。航运业要立足"双循环"新格局，谋求新出路，加强国内国际航运联动。只有内外兼顾，才能积极主动应对各种不利因素的干扰，不断推动我国自主可控的海运供应链的优化升级,摆脱频频"被限制""被制裁""被清单"的不利局面。

(二)双循环新发展格局要求海运供应链进一步提升韧性

海上运输一头连着生产,一头连着消费,是畅通国内国际双循环的重要纽带。只有海运供应链畅通了,国内国际双循环才能平稳运转,外贸、增长才有依托,重要战略物资和初级产品的运输才有保障。由于海运供应链由多方共同参与,因此它具有很强的不确定性,任何环节的中断都会影响到海运供应链的正常运转。当前,我国正着力构建以国内大循环为主体、国内国际双循环相互促进的新发展格局,加快完善海运供应链防范化解重大风险能力迫在眉睫,需要从制度、技术、管理等多个维度不断提升海运供应链的韧性。

(三)双循环新发展格局要求海运供应链核心企业发挥更大作用

国家供应链水平的高低是其竞争力强弱的重要标志,而供应链核心企业则是保障国家供应链水平的关键所在。当前中远海运集团、招商局集团等企业具有国际视野,遍布全球的经营网络,与全球供应链体系深度交织,具备整合上下游企业协同发展的实力,这是我国海运供应链高质量发展中宝贵的资源和财富。围绕供应链核心企业,积极支持核心企业整合上下游优势资源,创新供应链整合重构模式,形成供应链核心竞争力和发展特色,构建完善的核心产业价值链、人才链、资源链、资金链系统,是提升我国海运供应链全球地位的重要一环,是实现双循环发展新格局的重要要求。

(四)双循环新发展格局要求提升海运供应链智慧化发展水平

推动供应链数字化是构建双循环新发展格局的主攻方向,当今世界正经历百年未有之大变局,新一轮科技革命和产业变革蓬勃兴起,可以看到在全球范围内,对商品的生产、仓储、运输、清关、配送等一系列环节进行有效的数字化管控关系到国计民生。当前,全球供应链面临重构,这对我国的供应链现代化带来挑战。数字化供应链是促进供应链稳定,畅通国民经济循环的重要一环。智慧海运供应链是加快构建新发展格局的重要支撑和服务人民美好生活、促进共同富裕的坚实保障。积极构建国内国际双循环大通道,要推动基础设施智能化、数字化改造,以技术创新为驱动,全力开展海运供应链数字化转型、智能化升级，强化航运、港口、物流业务的协作，畅通数据资源大循环，通过利用区块链、物联网、智能合约等方式，可以让海运供应链信息流协同更稳固可靠，实现在途货物的监测和质押融资风险的控制，让物流运输更加透明化，智慧海运供应链将从根本上改变整个行业，最终提升运营效率和客户体验。

第二节　促进海运供应链发展的思考

一、形成促进海运供应链发展的统一机制，提供海运供应链供需动态匹配体制保障

海运供应链是为了满足贸易需求，原材料、产品经海上运输由始发港前往目的港的相关方所形成的一个网链结构，包括了需求端、供给端、监管与保障端多个主体，海运供应链的韧性构建与平稳健康发展不仅源于其内在结构，也需要政府根据发展形势随时制定响应政策，引导全球供应链的布局与重组。政策准确制定有利于有效应对冲击，促进供应链的重新配置与调整恢复。因此，需要由交通运输部会同外交部、商务部、发展改革委等国家部委和大型企业建立促进海运供应链平稳健康发展的常态化决策机制，并开展日常安全监测，在此基础上，牵头推动全球海运供应链安全国际合作，建立全球产业链供应链应急管理机制和信息共享机制，积极推动全球海运供应链系统的稳定。此外，需要政府牵头，引导海运供应链安全保障的国际合作，通过签署多边及双边合作协议，强化在特定区域如红海等关键航道的合作力度，建立跨域的海上安全联合防御机制。要完善战略物资运输安全的预警与应急管理，建立事前预防和时候应急机制，构建战略物资应急智慧组织与协调联动机制，提高海军远洋投送能力，以太平洋、印度洋作为重点海域，建设远洋综合补给船舶、多功能大吨位舰艇，提升海军远程投送补给能力和远洋护航能力，保障突发情况下物资的运输安全。只有通过系统思维、统筹谋划与综合施策，才能发挥好海运供应链上下游的协同效应，实现多种运输方式统筹发力、政企紧密协作，更好地促进海运供应链供需动态匹配，最终形成内外联通、安全高效的物流网络，不断提

升国际海运供应链的竞争力和稳定性。

二、强化基础设施韧性水平与海外港口建设，增强海运供应链港口供给适配性

港口基础设施能力充足是保障物流有序、快速、安全、高效运转的关键因素之一，有必要围绕保持适度韧性的目标，扩大有效投资，适度超前建设，预留一定应对供应链突发事件的能力空间，适度提升港口能力的富余度。此外，沿海港口处于外贸进口铁矿石、原油、液化天然气、粮食等重要能源资源、战略物资通道的最前沿，要注重大宗商品、战略物资的储运基础设施建设，增强海运供应链港口供给端的抗风险能力和安全稳定性，提高对重点物资的控制力和应急储备能力，助力提升大宗商品产业链供应链安全水平，从而提升港口应对环境风险带来的突增运输需求的能力和韧性，更好地保障海运供应链的稳定畅通。完善海外港口网络布局，需持续完善海外港口布局，加快布局东南亚港口，在马六甲海峡寻找新支点以保障能源运输安全，重视在美洲及非洲新型市场的港口布局及"一带一路"沿线的布点，港航企业和各大码头运营商也要继续秉持"内整合，外扩张"的发展理念，不断加快海外码头投资步伐，继续推进欧洲、中南美、东南亚等地区项目。

三、优化自有船队规模结构，打造海运供应链航运供给安全稳定核心能力

一是要鼓励商业船队高质量发展。商业船队是指用于旅客、货物运输的各类船舶，是海上贸易日常中需求最多的一种船队。要打造开放、公平的竞争环境，鼓励我国海运企业走出去，加强与国际海运船队标准的衔接，制定技术进步政策，完善海运人才培养体系，激励企业创新海运服务，推动我国海运服务业国际化，使得航运企业掌握足够多的自主可控的海上运输运力，从供给侧为海运供应链提供安全保障。二是要开展国防安全船队建设。在海运供应链安全受到威胁的情况下，建设专业化、现代化的国防安全船队有利于应对复杂多变的国际形势，保障我国海运安全。要推动船队规划和标准制定，对于船型、数量、建造企业、海员资质、信息安全等做出详细方案，增加船队建设资金及

经济补贴，包括船队运营、训练和执行任务增加的支出，兼顾航运企业经营效益与国家海上战略物资运输安全需求。三是要优先确保战略物资海运供应链安全。战略物资是一国发展的重要资源，关乎国计民生和国防事业，海运供应链发展必须聚焦重点领域，切实做好重点战略物资和初级产品运输保障，为统筹发展和安全保驾护航。要优先建设海外保障能力，建立专业化、规模化的战略物资运输力量，提升原油、液化天然气、粮食、重要矿产等战略物资自主运输的比例，以最短距离、最快时间提供海外战略物资运输应急支援。

四、探索替代海运通道开发与建设，完善海运供应链网络布局

海洋中少数海上运输通道掌握着全球海上运输的命脉，这些狭窄通道的中断会对海运供应链安全产生极大威胁。如苏伊士运河一直是我国与欧洲国家海上贸易的重要咽喉。因此在加强海运保障力量的同时，需进一步考虑替代通道、替代线路的研究。需要围绕港航运营组织、航线设计、运输方式选择、制订以本土为核心的柔性供应链应对方案。在陆上替代线路方面，继续发展中欧班列建设，推动各国基础设施标准统一，充分发挥中欧班列战略通道作用。在海上替代通道方面，考虑北极航道作为亚欧海上通道的新选项，克服北极航道恶劣天气对海上运输的影响，使之成为降低苏伊士运河对亚欧海上贸易掣肘的新方向。除此之外，要加快布局重要航线沿线战略支点，借鉴非洲吉布提港和希腊比雷埃弗斯港建设经验，在马六甲海峡、巴拿马运河、霍尔木兹海峡等重要海运油气进口通道建设战略支点，在特殊情况下为我方运力船舶提供紧急救援。

五、推动航运服务业加快发展，提升海运供应链服务供给软实力

航运服务业作为海运供应链的核心组成部分，对于优化资源配置、提高物流效率、降低贸易成本具有至关重要的作用。航运服务业涵盖了船舶运输、港口服务、物流配送、信息服务等多个环节，这些环节的协同与优化，能够显著提升海运供应链的整体效率和服务水平。通过加强航运服务业的创新与发展，可以推动海运供应链的智能化、绿色化、高效化，提高供应链的可靠性和韧性，为国际贸易的顺畅进行提供有力保障。因此，需要推动规制协调，全面接

轨国际惯例，对标伦敦、新加坡等国际航运中心，积极吸引保险等机构参与航运金融建设，加强我国航运与金融两个服务市场高效联动，优化船舶登记制度和海事仲裁制度，打造具有国际竞争力的航运税收制度，做大、做强航运生态圈，提升海运供应链服务供给软实力。

六、构建数字化信息平台，推动海运供应链降本增效

自动化、智能化发展被视为降低物流成本、提高物流效率的关键所在，针对国际物流供应链循环不畅，海运供应链效率下降、成本上升等问题，需要借鉴强化海外物流供应链的数智化管理，通过大数据、5G等新型手段形成海外资源数据库，实现数字化资源管理，提高供应链上下游信息对接效率，打破信息孤岛，为智慧海运供应链跨境服务信息平台建设奠定基础。推动海外资源数据库与政府机构、行业管理部门、安全管理部门、物流运输企业共享，构建智能化集约管理模式和内控制度，形成一体化的平台运营模式，以便满足日常贸易活动的需求，并且快速响应和应对各类突发事件下的海外应急物流需求，为我国乃至全球的海运供应链安全发展提供强大助力。